밸류에이션

이 도서의 국립중앙도서관 출판예정도서목록(CIP)은 서지정보유통지원시스템 홈페이지(http://seoji.nl.go.kr)와
국가자료종합목록 구축시스템(http://kolis-net.nl.go.kr)에서 이용하실 수 있습니다.
(CIP제어번호 : CIP2010002838)

현명한 투자자를 위한 기업 가치 평가

밸류에이션
ValuatioN

모리오 아키라 **지음** | **유주현** 옮김

이콘

머 리 말

언제 도태될지 모르는 시대에 살아남기 위해 애쓰는 경영자, 매일 외국 기업과 씨름하는 직장인, 취직을 고민하고 준비하는 학생이나 젊은이 등 기업의 가치를 평가하는 방법을 제대로 배워봤으면 하는 니즈가 점차 높아지고 있다. 이를 위해 전문 서적을 들춰보거나 강의를 찾기도 한다. 그러나 많은 사람들이 여러 형식으로 지식을 습득함에도 불구하고 실전에서 활용하기에는 뭔가 부족함을 느끼는 것 같다. 사실 외국에 나가서 MBA를 취득했으면서도 내심 이런 부족함을 느끼면 답답해하는 사람도 있다고 한다.

이 책은 회사의 가격이 결정되는 구조를 밝히고자 하는 책이다. 많은 사람들이 관심을 갖는 화제를 가지고 질문을 던져보자.

- 2001년 봄의 주가를 기초로 계산할 때, 인터넷포털 야후는 총자산이 300억엔에 못 미치고 직원 300명에 불과한데도 시가총액은 5,000억엔을 넘었다. 이에 비해 종합소매업 체인인 다이에는 정직원이 1만 3,000명에 일용계약직 사원이 수만 명에 이르고

연결 총자산이 3조 2,000억엔에 이르지만 시가총액은 1,800억 엔이었다. 이렇게 직원도 자산도 비교가 되지 않는 규모의 회사 임에도 주가가 더 비싼 것은 어떤 계산에 의했기 때문일까?

- 2000년 여름, 전통적인 우량 기업들의 이미지에 타격을 입히는 브랜드 실추 사건이 연이어 터지며 주가가 폭락하는 일이 있었다. 유키지루시유업은 시가총액의 약 40%에 해당하는 800억엔이, 미쓰비시자동차는 36%에 해당하는 2,560억엔이, 미국 자회사의 타이어 결함 문제가 발생한 브리지스톤은 60%에 해당하는 1조 3,000억엔이 불과 1개월여 만에 사라졌다. 회사의 가치에서 브랜드 가치가 차지하는 비율은 어느 정도이며, 어떻게 산출될까?

- 리플우드라는 처음 들어보는 미국 투자사가 장기신용은행, 일본 콜럼비아, 시가이아 등 일본 기업들을 연이어 사들였다. 또 중소 생명보험사들이 잇달아 파산할 때마다 외국계 보험사들이 인수했다. 한편 르노가 닛산자동차에 자본 참여를 한 이후 카를로스 곤 사장의 리더십 덕분에 주가가 많이 상승했다. 외국 기업과 투자자들은 왜 일본이라는 먼 나라에까지 와서 기업을 인수하고 싶어할까? 일본 기업은 외국인에게 어떤 매력이 있는 것일까?

이런 의문들에 대해 경영학이나 재무학 전문서적과는 조금 다르게 실무적 관점에서 주가와 투자, 기업 인수를 살펴보는 것이 본질을 명확하게 판단할 수 있다는 생각이 이 책의 출발점이다.

투자의 기본원리는 의외로 단순하다는 사실을 명심하고 세세한 지식이나 이론들은 잊고 핵심을 확실하게 포착하여 상식적인 접근을 한다면, 복잡하고 난해할 것만 같은 재무나 M&A 세계의 면모가 분명하게 보인다. 이것이 내가 말하는 '실무 관점'이다. 이 책을 다 읽을 무렵에는 이제까지 도저히 가까이 할 수 없는 전문가의 세계라고 생각했던 많은 것들이 저절로 머릿속에 들어오게 되어 현실 비즈니스 세계에서 발생하는 다양한 문제들에 대해 자신의 생각을 조리 있게 표현할 수 있을 것이다. 이것이 바로 이 책이 의욕적으로 지향하는 목표이다.

구성에 있어서는 전문용어나 재무의 배경지식을 설명하는 것으로 시작하여 소박한 의문에 소박하게 대답하는 방식으로 설명해나갔다. 이것이 '기초편'이다. 여기서는 경영이나 재무 분야에서 글로벌 공통 언어로 사용되는 개념과 사고방식을 필자 나름대로 정리했다. 국제 비즈니스 사회에서 통용되는 용어와 기본적 사고방식을 설명하여 언어로 인해 발생하기 쉬운 오해와 혼란의 소지를 없애고, 실무와 실전에 필요한 최소한의 도구를 구비하는 것을 목표로 하고 있다.

그 다음 '실무 응용편'에서는 외국계 투자은행에서 실제로 사용하는 기업 가치 산정의 각종 방법을 주가 평가·기업 공개와 인수 합병의 양 측면에서 가능한 한 실제로 적용할 수 있도록 구체적으로 소개하고 있다. 제7장 'M&A 현장의 실황중계'에서는 가상의 회사를 상정하고 그 '적정' 가격이 매수자의 전략적 의도나 재무, 세무 기법에 따라 다양하게 변화하는 프로세스를 상세히 분석했다. 인수 합병 실무에 관심 있는 독자라면 그 부분을 먼저 읽어도 좋을 것이다. 반대로 기업 가치 평가 실무와 무관한 독자들에게는 어렵게 느껴질지도 모르겠다. 그럴 경우 숫자로 된 분석은 건너뛰고 있고 읽어도 좋다. 제8장 이후에서는 인수 합병이 기업 가치 증대라는 행위를 경영자와 직원 입장에서 어떻게 생각해야 하는가에 대해 논한다. 이것은 기업 사회가 앞으로 나아갈 방향에 대한 필자 나름의 문제 제기다. 기업 가치 평가라는 주제에 관하여 체계적으로 서술된 기존의 교과서와는 조금 다른, 현장의 시각을 제공하려고 했다.

필자의 전문 영역은 기업 인수 합병이다. 국내 은행, 외국계 투자은행, 그리고 미국 상장기업에 근무하면서 다양한 각도에서 인수 합병 분야를 경험했다. 3년 전 일본에 돌아와 벤처 기업 설립에 참여했고, 그후 독립하여 지금에 이르고 있다. 지금까지 해온 일은 인터넷 버블 당시 일본 기업의 해외 자산 매입, 일본 기업을 인수하려는 외국 기업을 위한 조사와 협상, 아시아 지역 사업 개발을 위한 경영 기획, 중국과 태국에서의 인수 합병 사업 기획 등이었으며 기업 공개IPO에도 몇 차례 관여하였다. 이런 경험을 통하여 인수 합병, 기업 공개, 경영 기획, 재무 기획, IR 등이 모두 근본적으로 같은 바탕 위에서 출발하는 활동이라는 사실을 깨달았다. 이런 깨달음의 계기가 되어준 몇 가지 경험담도 이 책에 담았다.

이 책은 지금까지 필자가 기업 최고경영자를 상대로 행했던 프레젠

테이션, 경영 기획 임원과 협의하는 과정에서 나온 아이디어, 채용 현장
에서 학생들과 대화하면서 반응이 좋았던 경험담, 외국의 젊은 투자 전
문가들에게 설명하면서 깊은 공감을 이끌어냈던 생각 등을 한 권의 책
으로 정리한 것이다. 투자나 인수 합병에 관하여 필자의 이야기를 열심
히 경청하고 대답하기도 어려운 날카로운 질문을 하는 사람들의 면면은
무척 다양했다. 동시에 이런 주제에 흥미를 갖고 있으면서 알기 쉽게 설
명해주길 바라는 사람들도 의외로 많았다. 그런 사람들의 얼굴과 목소
리를 떠올리면서 되도록 알기 쉽게, 그러면서도 본질에 가깝게 정리하
고자 노력했다.

1년여에 걸쳐 겨우 원고를 완성한 직후 뉴욕에 있는 세계무역센터
와 워싱턴DC의 국방부 건물이 테러 공격으로 파괴되는 충격적인 사건
이 발생했다. 이런 사건을 맞아 주식시장이 혼란에 빠지고 주가가 요동
치는 모습을 경험하면서, 기업의 가치나 주가는 실체가 없는 것이고, 적
정한 가치를 평가하는 것도 헛된 노력일 뿐이라고 생각하는 사람도 많
을 것이다. 그렇다 하더라도 회사의 가치가 왜 그렇게 극적으로 변동하
는가에 관하여 이 책이 하나의 관점을 제공할 수 있을 것이다. 덧붙여
필자는 이번 사건을 통해 자본주의 시스템이 그 정당성과 중요성을 확
고하게 인식한 사람들의 신뢰에 의해 성립되고 유지된다는 것을 새삼스
럽게 실감하고 있다.

닛케이BP 사의 후의에 힘입어 이 책은 〈닛케이BP 실전 MBA 시리
즈〉의 한 권으로 출판되었다. 현장 실무 경험에 편중된 탓에 MBA보다

는 실전에 중점을 둔 내용이 되었지만, 실무에 즉시 활용할 수 있는 사고방식을 배우는 일이야말로 MBA의 지향점이 아닐까 생각한다.

2001년 9월

모리오 아키라

차례

프 롤 로 그

밸류에이션valuation이란 기업 가치 평가, 즉 '회사의 가격'을 산정하는 작업을 말한다.

회사의 가격이 어떻게 결정되는가의 문제는 누구나 품는 소박한 질문인 동시에 전문적인 실무이론이기도 하다. 이런 사실은 두 개의 일화를 경험하면서 통감했다.

인터넷 벤처 기업이 유행하던 2000년 초, 나는 벤처 기업가들의 교류 모임에 참가한 적이 있다. 청년 기업가인 듯한 젊은이가 젊은 여성을 상대로 IPO를 통해 큰 부자가 될 계획을 이야기하는 것을 무심코 듣게 되었다. 벤처 기업에 관해서도, IPO에 관해서도 잘 모른다던 그 여성이 갑자기 질문을 했다.

"그 회사의 주식을 누가 그런 비싼 가격에 사죠?"

청년 기업가는 웃어넘기며 대답을 피했지만 이 소박한 질문은 본질을 꿰뚫고 있었다. 그 여성을 납득시키려면 어디서부터 어떻게 설명하는 것이 좋을까? 모임이 끝날 때까지 이 생각이 떠나지 않았다.

인터넷 거품이 꺼지고 일확천금을 꿈꾸던 많은 창업자들이 위기를

맞은 상황에서 그 여성의 궁금증은 정당하고 청년 기업가는 어리석은 사람이라고 말하는 것은 쉽다. 그러나 거기서 그친다면 많은 사람들이 인터넷 주식에 거금을 쏟아 부었던 사실로부터 아무런 교훈을 얻지도 못한 채 그 질문은 수수께끼로 남게 될 것이다.

그 무렵 나는 미국과 일본의 합작회사를 정리하는 문제를 맡고 있었다. 30년이나 지속되었던 합작회사는 당시 적자가 계속되었고, 아시아에서 독자적으로 사업을 하고 싶었던 미국 회사는 일본 회사에 기존 사업을 인수하라고 요구하고 있었다. 일본 회사로서는 적자 사업을 인수하는 것이 부담스럽지만 그렇다고 합작회사를 청산하고 직원들을 거리로 내몰 수도 없는 입장이었다. 일본 회사로서는 미국 회사가 보유한 주식을 가능한 한 싸게 사들이는 것이 최선이었다.

순자산을 기초로 가치를 산정하는 것으로 기본 합의를 하고, 우리는 회계법인의 도움을 받아 인수하고자 하는 사업의 자산을 상세하게 조사했다. 그 조사를 바탕으로 실사한 순자산의 규모가 재무제표에 나온 것보다 상당히 작다는 점을 지적하여 협상을 진행했다. 그런데 최종 합의 직전 미국 회사의 외국인 책임자는 이런 말을 했다.

"우리가 함께 고생하면서 30년에 걸쳐 쌓아올린 이 사업의 가치가 30억엔밖에 안 될 리가 없다. 100억엔의 매출, 우수한 사원, 훌륭한 기술을 보유한 이 사업에는 무형의 브랜드 가치가 있지 않은가? 사업의 계속가치에 대차대조표로는 확인할 수 없는 브랜드 가치가 있다는 것은 전문가라면 누구나 알고 있는 상식이다."

우리 측도 가만히 있을 수는 없었다.

"기업 가치는 미래 현금흐름의 현재가치와 같다는 것을 미국에서 배웠다. 그 현재가치가 순자산가치를 웃돈다면 그 초과분이 브랜드 가치가 된다는 것도 알고 있다. 지금 이 사업은 적자로, 그것을 다시 회복하는 데 더 큰 출혈이 예상된다. 미래 현금흐름의 현재가치로 평가했다고 해도 순자산가치 이상은 되지 않을 것이라고 확신한다. 이것이야말로 미국 경영계의 상식 아닌가? 그쪽에서 빨리 협상을 마무리하고자 단순하게 순자산을 기초로 평가하는 데 합의했는데, 지금부터 다시 시간과 수고를 들여 미래 현금흐름 계획을 작성하고 그 현재가치를 계산하는 일을 반복하자는 이야기인가?"

몇 차례 주장이 오간 후, 상대방 재무 담당자의 눈짓에 자리를 비웠다가 돌아오니 외국인 책임자는 의견을 철회했고, 협상은 애초 의도된 대로 이루어질 수 있었다.

이 두 가지 일화를 통해 나는 교류 모임에서 젊은 여성이 던진 소박한 질문에 대한 대답이나 외국인 경영자를 상대로 하는 인수 합병 협상이나 설명과 설득에 사용하는 도구는 똑같다는 사실을 깨달았다.

주식을 왜 그렇게 높은 가격에 사는가, 라는 소박한 질문에 간명하게 대답할 수 있는 사람이라면 인수 합병 협상도 어렵지만은 않을 것이다. 둘 다 '회사의 가치는 누가 어떻게 정하는가'의 문제이며, 주식 투자든 기업 인수이든 '산다는 것의 기준은 무엇인가' 하는 물음이기 때문이다. 이것이 밸류에이션이라는 작업의 본질이다.

그 설명과 설득에 사용하는 도구는 전 세계 공통이다. 사용 방법만 잘 익히면 치열한 경쟁 속에서 살아남는 데 강력한 무기가 되어줄 것이다. 그리고 열쇠가 되어줄 그 도구가 전문가들만 아는 난해한 것이 아니라는 사실을 지금부터 설명할 것이다.

V a l u a t i o N

기초편

도구를 이해한다 – 경영의 글로벌 공통 언어

01

제1장
기업 가치라는
공용어

경영과 재무에 관한 기본 이론 몇 가지를 이해함으로써 협상 상대의 경영 판
단이나 투자에 대한 태도를 파악할 수도 있다. 그렇게 되면 그들의 행동 기
준도 납득할 수 있다. 이 책의 주제인 회사의 가격, 즉 기업 가치란 그런 자
리에서 힘을 발휘하는 소중한 글로벌 공용어이며, 기업 가치 산정에 사용되
는 '현재가치'나 '리스크' 등의 개념도 중요한 공용어이다.

▶ 1. **공용어**의 시대

　　프롤로그에서 소개한 합작 철회 협상에는 몇 가지 전문용어가 등장한다. 우리 기업의 해외 진출뿐 아니라 외국 자본의 우리 기업 인수도 활발한 요즘, 이런 용어에 관해 제대로 이해해둘 필요가 있다. 사용되는 용어 이면의 생각과 방법의 의미를 충분히 이해하지 못한 채 대화를 하다보면 사소한 표현에 과민 반응하게 되어 잘 될 일도 망치기 십상이다. 상대의 사고방식이나 가치관이 전혀 다를 것이라는 선입견이야말로 의심과 불안을 증폭시키는 면이 있다.

　　경영과 재무에 관한 기본 이론 몇 가지를 이해함으로써 협상 상대의 경영 판단이나 투자에 대한 태도를 파악할 수도 있다, 그렇게 되면 그들의 행동 기준도 납득할 수 있다. 일본 사회도 그런 글로벌 기준에 맞출 필요가 있을지, 기준에 맞추지 않는다면 가능성 없는 사회로 전락할지 등등에 대해 고민해볼 수 있는 좌표축이 생긴다.

　　서양 사람들, 특히 미국인과 사업에 관하여 대화하면서 통감한 것이 하나 있다. 다양한 인종, 다양한 종교의 사람들이 섞여 살기 때문인지 아니면 영어라는 언어의 특징 때문인지 미국에는 매사를 단순 명쾌한 규정으로 잘 매듭짓는 사람들이 많다. 이런 특징이 금융 재무 분야처럼 내가 잘 알고 있는 일부의 세계에서 느낀 인상에 불과할지도 모르겠다. 특히 금융 재무 분야의 업계 관계자 대부분이 경영대학원 출신이며 이들에게 자문하는 투자은행이나 컨설팅 회사에 종사하는 사람들도 마찬가지다. 여기서 MBA라는 자격을 갖고 있다는 점은 중요하지 않다. 그들은 모두 재무, 마케팅, 의사결정 등에 관하여 비슷한 교육을 받았다. 이 점이 매우 중요하다. 그들은 이른바 '경영의 공용어'를 배운 것이다.

공용어를 갖고 있으면 사내 회의에서도 협상의 자리에서도 상호간의 의사소통이 원활하고 논의도 빨리 끝난다. 의사결정에 필요한 정보 역시 형식이 정해져 있다면 필요한 것만 수집할 수 있다. 또 그런 정보들을 계량화하는 방법이 정해져 있으면 같은 얘기를 반복하면서 논의를 끌 필요도 없다. 미국에서 회사의 운명을 좌우하는 인수 합병을 위한 회의에서조차 간단히 결론 내리는 장면을 목격한 경험이 있다. 내가 나서서 '그렇게 막 정해도 괜찮겠습니까?'라며 재차 확인을 하고 싶을 정도였다.

이와는 대조적으로 일본에서는 판단 기준이 여러 가지이거나 경영 판단을 위한 공용어가 정해지지 않아서 의사결정에 시간이 소요되는 일들이 많다. 회사 합병을 위한 회의를 가정한다면, '우리가 흡수되는 합병이라면 회사를 여기까지 이끌어온 선배들 볼 면목이 없다' '합병회사의 이름은 어느 쪽 이름을 앞에 둘지가 중요하다' '직원을 해고해야 하는 합병이라면 직원을 책임지고 있는 입장에서 받아들일 수 없다' 등등 다양한 의견이 오고간다. 물론 그렇다고 해서 이런 경영 판단이 잘못되었다는 말은 아니다. 오히려 틀에 맞춰 간단하게 결론을 끌어냄으로써 개별 상황의 본질을 놓쳐버리는 경우도 있다.

그렇지만 스피드와 명쾌함이 필요한 오늘날, 외국 기업과 협상할 경우 공통의 경영 언어와 단순 명쾌한 원칙에 근거하여 대화하고 결정할 수 있다면, 그보다 더 좋을 일은 없을 것이다. 또한 그렇게 함으로써 합의에 이르는 과정이 매끄러울 수 있다. 상대방의 경영 언어나 판단 기준의 근거를 냉정하게 이해하는 일은 우리에게도 유익하다. 이런 이유로 경영과 재무의 세계에서는 서구 경영대학원의 경영 언어가 '글로벌 공용어'로 확산되고 있다.

외국 기업과 협상하는 자리에서 일본의 경영자가 직관적으로 이 결론은 어딘가 이상하다고 느낄 때가 있다. 그리고 그런 직관이 옳을 때가 꽤 많다. 지금까지 중요한 협상이나 경영 판단의 자리에 함께 있었던 경험을 바탕으로 자신 있게 말할 수 있다. 이런 통찰을 가진 경영자가 경영과 재무의 공용어를 익히고 그 언어로 설명할 수 있다면 상황을 훨씬 유리하게 전개할 수 있을 것이다.

이 책의 주제인 회사의 가격, 즉 기업 가치란 그런 자리에서 힘을 발휘하는 소중한 글로벌 공용어이며, 기업 가치 산정에 사용되는 '현재 가치'나 '리스크' 등의 개념도 중요한 공용어이다.

▶ 2. 기업 가치란

기업 가치에 대해 경영자 대부분은 별 관심이 없었다. 아주 최근까지 그들의 본심은 이러했다.

- 주식시장이란 카지노 게임장과 다를 바 없고 기업의 존속과 발전은 주가와 무관하다
- 사업자금이 필요하면 주거래은행과 상의하면 된다. 주식을 발행해서 자금을 조달하는 것은 갚은 필요도 없고 비용도 실질적으로는 0에 가깝다고 증권사에서 권하니까 한번 해본 정도다
- 주가를 싸게 놔두면 매수당할 위험 등 성가신 일에 휘말릴 수 있으니까 그렇게 되지 않을 정도로만 주가를 유지한다

주거래은행과 주식을 상호 보유하고, 안정주주정책을 통해 회사의 지배권이 매매 대상이 되는 것을 방지하고, 은행이 장기 안정 자금을 제공해주는 환경에서 기업 가치에 관해 민감해 할 이유가 없는 것이 당연

한 일일 것이다.

그러나 이미 시대는 바뀌었고 상황은 역전되었다. 그래서 최근 갑자기 기업 가치에 대한 경영자의 관심이 높아졌다. 글로벌 경쟁력을 키우지 않으면 기업 수익도 줄고 평생직장을 약속한 직원들을 끝까지 책임지지도 못하는 시대가 도래했다. 그리고 주거래은행에만 의지하기에도 불안한 상황이 되었다. 이제는 리스크를 부담하더라도 기업 가치를 높이는 전략을 세우지 않으면 기업의 유지 발전에 필요한 자금을 확보할 수 없게 되었다. 경쟁력을 잃게 되면 회사를 팔 수밖에 없다. 과거처럼 정부가 보조금이나 규제로 보호해줄 수도 없게 되었기 때문이다.

기업 가치는 **투자 가치**

기업 가치란 무엇일까? 다양한 답이 떠오를 것이다. 열 명에게 묻는다면 열 가지 정의가 나올 법하지만, 그래서는 공용어라 할 수 없다.

고용 창출, 지역 활성화, 세금 납부 등이 기업이 사회에 주는 가치이다

사전적 의미로 가치란 '얼마만큼 도움이 되는가 하는 정도'라고 정의되어 있으므로 이런 답변이 틀린 생각은 아니다. 그러나 이런 생각까

지도 기업 가치의 범위에 넣어 사업상의 문제들을 논한다면 많은 혼란을 가져올 것이다.

경영, 재무 용어로서의 기업 가치는 주주 입장에서의 투자 가치를 말하는 것으로 그 이외의 이해관계자의 이용 가치를 말하는 것이 아니다

이 사실을 명심해야 할 것이다.

「황금알을 낳는 거위」 우화를 떠올리면서 투자 가치란 어떤 것인가에 대해 생각해보자. 당신이 지금 여기에 거위 한 마리를 갖고 있다고 하자. 그 거위를 꼭 사고 싶다는 사람이 당신을 찾아온다. 이 사람이 거위를 꼭 사고 싶어하는 이유는 여러 가지일 수 있다. 고기를 먹고 싶다, 알을 먹고 싶다, 애완동물로 기르고 싶다 등등 각 경우 가격을 매기는 방법도 다르다. 이것은 거위의 '이용 가치'에 주목한 가격 산정 방식이다. 거위는 적당한 예가 아니지만, 말이나 소 같은 경우 짐을 운반하거나 작업에 활용하는 이용 가치도 있을 것이다. 그에 비하여 거위에게 알을 낳게 하고 알이나 새끼을 되팔아 돈을 벌고자 하는 동기는 '투자 가치'에 기초한 가격 결정이다. 사려는 사람에게 거위의 가치는 앞으로 얼마나 알을 낳을까 그리고 그것이 얼마에 팔릴까에 따라 결정된다. 당신 거위가 그냥 알이 아니라 황금알을 낳는다면 이 거위의 가격 산정 방식은 더욱

단순해진다. 사는 사람 눈에 당신의 거위는 금괴로 보일 것이다.

투자 가치로서의 회사 가격은 그것이 낳는 황금알, 즉 이익이나 현금의 규모에 따라 결정된다. 주가는 앞으로 회사가 낳을 금전적 이익이 지금 압축되어 나타나는 것이다. 이것이 '기업 가치는 투자 가치다' 라는 말의 의미다. 당신 거위가 얼마나 통통한지, 깃털은 얼마나 윤기가 흐르는지에 대해서는 먹거나 감상할 목적이 없는 투자자에게 아무런 상관도 없다.

기업 가치를 이야기할 때, 투자 가치로서의 기업 이야기라는 점을 전제하지 않으면 혼란에 빠지기 쉽다. 기업이 가지는 사회적 의의나 공헌도 중요한 관점이지만, 그런 관점을 기업 가치라는 용어에 반영하여 이야기한다면 대화나 협상은 삐걱거리게 된다.

참고로 '기업 가치' 라는 말에 직접 대응하는 영어 표현은 'shareholder's value(주주가치)' 이다. M&A 실무에서는 'enterprise value' 라는 용어가 기업 가치(또는 기업 총가치)로 번역된다. 기업 가치를 직역한 'corporate value' 라는 표현은 별로 눈에 띄지 않는다. 언어 간 대응관계는 나중에 정리하도록 하고(제4장 2. 참고), 우선은 신문이나 잡지 등에서 일상적으로 쓰이는 기업 가치라는 단어 그대로 논의를 진행하겠다.

▶ 3. **투자자**란 누구인가

황금알을 낳는 거위를 찾아 돈으로 돈을 낳는 돈벌이를 추구하는
것이 투자자의 일이다

이렇게 설명하면 사람들은 자신이 투자자라는 점을 잊기 쉽다. 매
일 무엇인가를 만들고 판매하고 서비스를 제공하여 보수를 받을 뿐 거
위를 찾지는 않기 때문이다. 금융시장에서 거액의 자금을 운용하는 사
람들, 즉 펀드매니저는 투자자일까 아닐까? 그들은 기관투자가라 불리
며 돈으로 돈을 낳는 업무를 분명히 하고 있다. 그러나 다른 사람의 돈
을 운용하는 것이기 때문에 대리 투자자라 할 것이다. 그 자금을 제공하
는 사람이 본래의 투자자이다. 이런 식으로 거슬러 올라가면, 대부분의
일반 사람들이 자금을 제공하는 사람임을 알 수 있다. 직접 주식 투자를
하지 않아도 매달 월급에서 공제되는 보험료나 연금 등이 기관투자가를
통해 시장에 투자되고 있다. 회사가 버는 것에 비해 급여가 적다고 투덜
거리면서도 그 회사에서 계속 일하는 사람은 자신이 받아야 할 급여 일

부를 회사에 적립하는 셈이라 할 수 있다. 그리고 자신을 대신하여 회사가 투자를 한다. 그 투자가 커다란 이익을 낳으면 자신의 미래 급여와 퇴직금에 대해서는 안심할 수 있으며 상대적으로 더 늘어날 것을 기대할 수 있고, 별 볼일 없는 투자를 하면 회수가 불가능해져서 자신의 퇴직금마저 날릴 수 있다.

돈으로 돈을 낳는 투자 행위를 경시하면 그 결과는 자기 자신에게 되돌아온다. 미래를 위해 무언가 모으는 사람은 모두 투자자이다. 직접 황금알 낳는 거위를 찾아 돌아다니는 대신 기관투자가로 대표되는 투자 전문가에게 위탁하고 있을 뿐이다. 그 운영 전문가나 회사의 투자 책임자를 꼼꼼히 확인하지 않으면, 내가 투자한 돈이 안개처럼 사라져버릴지도 모른다.

투자 가치란 어떻게 산정하는 것일까? 이것은 일부 전문가들에 완전히 맡기고 말 문제가 아니라 실질적 투자자인 대부분의 일반인들이 기초적인 사항을 이해해두어야 할 문제이다.

▶ 4. **투자 가치**의 **산정법**

기업 가치를 잘게 쪼개 투자 가치로 매매하는 공간이 바로 주식 시장이다. 기업 가치를 통째로 투자 가치로 매매하는 활동이 M&A 활동이다. 개별 기업에 있어 주식시장은 투자자를 대상으로 매력도를 경쟁하여 사업자금을 얻는 장소이다. 투자자 입장에서는 주식시장도 국채, 예금, 부동산 등 다른 금융상품이나 투자 대상 들과 비교 검토되는 하나의 선택지에 불과하다.

투자자란 더 많은 돈을 창출하기 위하여 당장 쓸 곳이 없는 돈을 냉철하게 굴리는 사람이다. 투자 수익률이 매력적이지 않다면 바로 자금을 회수하기도 한다. 그렇기 때문에 투자 가치로서의 회사 가격, 즉 주가는 끊임없이 변한다. 투자자들이 어떤 방법으로 투자 가치를 계산하는지 이해한다면, 그들이 어떤 행동 기준으로 투자 결정을 하는지가 보인다. 그 배경에 그들이 배워온 재무 이론이 놓여 있다. 주가에 영향을 미칠 정도의 거액을 운용하는 기관투자가들은 모두 이 공용어를 사용하고 있다.

세 가지 **개념**

최근에는 경영대학원에서 배우는 재무 용어가 일상적으로 사용되고 있다. 은행이나 증권사, 회계법인, 컨설팅 회사 사람들과의 대화뿐 아니라 회사 내부 회의에서도 영어로 된 전문 용어나 숫자로 가득 채워진 스프레드시트 자료가 사용된다. 그러나 협상의 경우 내용에 대해 대략적으로 이해하는 수준에서 그치고 완전히 소화되지는 못한 채 결론이 내려지는 경우가 많다. 뒤늦게 다시 생각해보니 안 되겠다며 결론을 번복하기도 하는데, 사업상의 신뢰도 잃고 협상에서 불리한 상황에 처하기 쉽다.

그런 상황에 빠지지 않기 위해 기업 가치 산정에 필요한 최소한의 도구가 세 가지 있다. 중요한 것은 지식을 기억하는 것이 아니라 발상의 방법을 익히는 것이므로 그러한 관점에서 접근하도록 하겠다.

최소한의 도구란 현재가치present value와 할인율discount rate이라는 개념, 그리고 이 두 가지를 사용한 공식으로 영구채권의 현재가치 정의식 present value of perpetuity이다. 이 세 가지 용어는 이 책에서 앞으로 계속 등장할 것이다. 집을 짓는 것에 비유하면 이 세 가지 개념은 기초공사에 해당하는 것이다. 이것을 제대로 이해하지 못한다면 아무리 멋진 집을 지어도 사상누각일 수밖에 없다. 반대로 확실히 파악해둔다면 여러 재무 문제에 부딪히더라도 적절히 응용하여 해결할 수 있을 것이다.

현재가치 : 내일의 100보다 오늘의 90

> 친구가 사업을 시작하면서 당신에게 사업 자금을 빌려달라고
> 한다. 지금 사업 자금을 빌려주면 10년 후에 확실히 100만엔을
> 갚겠다고 약속한다. 당신도 10년 후에 친구가 100만엔을 갚을
> 것을 100% 신뢰한다고 하자. 당신은 친구에게 얼마의 자금을
> 빌려줘야 할까?

'10년 후에 확실하게 100만엔을 돌려받을 수 있다면 100만엔 빌려
주면 되는 것 아닌가' 라고 대답한다면, 당신은 투기 세력의 사냥감이 될
것이다.

모두들 10년 후의 100만엔보다 지금의 100만엔이 더 가치 있다고
생각한다. 시간은 돈이며, 금융자산에는 시간 가치가 포함되어 있다. 돈
은 장롱 안에 가만히 넣어두지 않는 이상 항상 더 많은 돈을 낳는 황금
알 낳는 거위이다. 이 기본 원칙이 자본주의 경제의 근간이기 때문에 당
장 사용하지 않을 돈을 갖고 있는 사람에게서 당장 돈을 필요로 하는 곳
으로 돈은 이동한다.

그러면 10년 후의 100만엔과 지금의 100만엔의 가치는 얼마나 차
이가 날까? 이것을 계산해보면 현재가치를 얻을 수 있다.

당신이 친구에게 빌려줄 현금을 다른 확실한 투자처에 투자한다면,
앞으로 10년간 수익을 올릴 수 있다. 만일 당신이 친구에게 사업 자금을

빌려줄 때, 최소한 이 확실한 투자처와 같은 수준의 수익을 내지 못한다면 타산이 맞지 않는다. 그렇기 때문에 우리는 다른 투자처를 찾아보고 비교하여 투자 판단을 한다. 가장 안전한 금융상품으로 다른 금융상품과 비교 대상이 되는 것이 바로 국채다. (정부가 가장 안전하다는 전제를 이해하지 못하는 사람은 빨리 재산을 정리하여 믿을 만한 나라로 이민 가거나, 신용이 넘치는 나라로 바꾸기 위해 선거에 나가볼 것을 권한다.)

10년 만기 국채의 이자율이 연 10%로 고정되어 있다면, 국채에 투자한 당신의 100엔은 10년 후 얼마가 될까? 매년 받을 이자도 그대로 국채에 재투자한다고 가정하면, 투자금은 복리로 매년 1.1배씩 불어난다. 그 결과는 [1.1]과 같다.

100만엔은 10년 후에 2.594배 불어나 있을 것이다. '연 이율 10%인 금융상품에 투자한 현재의 100만엔은 10년 후 259.4만엔이 된다' 는 표현을 뒤집어 표현하면, '10년 후의 259.4만엔을 연 이율 10%로 나누면(디스카운트하면) 현재의 100만엔이 된다' 고 할 수 있다.

그렇다면 10년 후의 100만엔은 지금 얼마의 가치일까?

$$100 \div (1.1)^{10} = 100 \div 2.594 = 38.6만엔$$

당신이 냉철한 투자자라면, 이것이 당신이 제공할 상한선이다. 이것은 다음과 같이 표현되기도 한다.

1.1 현재가치 ───────────────────────────────────

100만엔이 매년 10%씩 불어난다고 하면

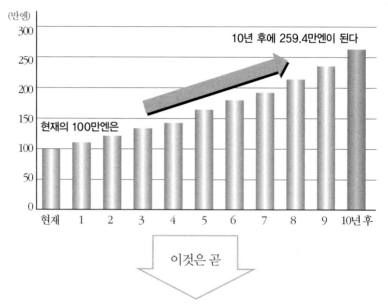

이것은 곧

할인율 10%일 때, 10년 후의 100만엔의 현재가치는

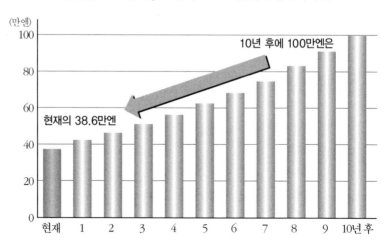

10년 후의 100만엔을 할인율 10%를 적용하면, 현재가치는 38.6만엔이다.

10년 후 100만엔의 현재가치는 할인율 10%일 때 38.6만엔이다.

할인율 : 리스크를 숫자로 치환한다

그런데 친구의 사업 성공률이 50%이고, 사업에 실패했을 때 10년 후 100만엔은커녕 한 푼도 돌려받지 못한다고 하면, 당신이 제공할 자금은 얼마여야 할까?

금융 투자 상품에서 가장 중요한 점은 그것이 미래에 줄 금전적 이익이라고 거듭 말해왔다. 금전적 이익은 두 가지 요소로 분해할 수 있는데, 바로 이익의 '크기'와 '확실성'이다. 이익이 불확실하다는 것을 재무 용어로는 '리스크risk'라고 한다.

그러면 리스크의 정도를 어떻게 숫자로 표현하여 금전적 이익의 그래프에 넣을 수 있을까? 방법은 할인율을 조정하는 것이다. 앞에서 논의한 국채의 사례를 참조하면, 할인율을 10%로 하였을 때 지금 당신이 제공할 수 있는 상한선은 38.6만엔이었다. 이 할인율은 10년 후 지불이 거의 확실한 경우의 비율(할인율)이다.

그러면 성공 가능성 50%인 사업이 실패하여 당신의 투자금 38.6만 엔을 전혀 회수할 수 없다면, 계산의 어디를 고쳐야 할까?

성공 가능성이 50%일 때, 10년 후에 같은 100만엔의 기대치를 달 성하기 위해서는 성공했을 때는 200만엔을 받고 실패할 때는 전혀 받지 못하는 것으로 해야 동등한 투자 가치로 계산할 수 있다.

그렇다면 38.6만엔이 10년 후에 200만엔이 되기 위해서는 이자율 이 얼마여야 할까? 다시 말해 10년 후의 200만엔의 현재가치가 38.6만 엔이 될 수 있는 할인율은 몇 %일까?

앞서와 마찬가지 방식으로 계산하면 할인율이 약 17.9%로 높아진 다. 당신이 최초에 투자한 38.6만엔은 매년 17.9%의 이자가 붙고 그 이 자를 재투자하기를 10년간 반복하면 겨우 200만엔이 된다.

100% 확실한 국채와 50% 확률로 빈털터리가 되는 투자의 차이를 할인율 조정을 통해 현재가치의 차이로 파악해보면, 10%와 17.9%의 차 이이다. [1.2]

'리스크의 계량화'는 많은 연구가 진행되고 있는 어려운 주제로 단 순한 개념이 아니다. 뒤에서 자세히 설명하겠지만, 실제로는 얼마의 확 률로 얼마의 변제가 예상되는가 하는 분산이라는 요소를 감안하지 않으 면 안 된다. 여기서는 미래의 불확실성을 리스크로 할인율에 포함시킴 으로써 현재가치에 반영할 수 있음을 설명하는 하나의 예로 이해하기 바란다.

1. 2 현재가치, 리스크, 할인율의 관계

리스크가 없는 경우의 현재가치

10년 후의 100만엔 ➡ 현재가치 38.6만엔

할인율 =10%(10년국채금리)

리스크가 높아지면

10년 후의 100만엔 = 50%의 확률
10년 후의 지급 불능 = 50%의 확률 ➡ 기대치 50만엔

10년 후의 기대치 50만엔 ➡ 현재가치 19.3만엔

할인율 =10% ⬅

같은 계산에서 할인율을 조정하면

10년 후의 100만엔 ➡ 현재가치 19.3만엔

할인율 = 17.9% ⬅

차액 7.9% = 리스크의 차

당신이 사업 실패 가능성을 걱정한다면, 친구에게 '10년 후에 100만엔 돌려받는 것에 리스크가 있으니 국채 이자율 10%보다 높은 17.9%의 이자율을 적용해야 하고, 따라서 19.3만엔밖에 빌려줄 수 없다'고 하는 것이 현명한 투자자의 자세이다.

현재가치를 계산할 때 없어서는 안 될 할인율은 이렇게 리스크의 크기를 감안하여 결정된다. 투자하는 입장에서 할인율이란 리스크의 크기에 대하여 기대되는 투자수익률이다. 그런 의미에서 할인율은 투자자에게 '기대수익률expected return' 이라는 용어와 같은 의미를 갖는다.

PV = C / r : 영원히 매년 100만엔을 받을 수 있다면

> 정부가 당신에게 '자손 대대로 영원히 매년 100만엔씩 지급할 것을 약속할 테니 지금 세금으로 2,000만엔을 납부해달라'는 제안을 한다면 당신은 받아들이겠는가?

20년 동안 받을 금액이 2,000만엔이니까 원금은 나오고, 그 후에도 영원히 매년 100만엔씩 받는다고 하니 언뜻 듣기에 유리하다고 생각할 수도 있다. 이것을 현재가치라는 개념을 써서 계산해보자. 할인율은 마찬가지로 10%로 한다.

1년 후 100만엔의 현재가치 = 100 / (1 + 0.1) = 90.9만엔

2년 후 100만엔의 현재가치 = 100 / (1 + 0.1)^2 = 82.6만엔

3년 후 100만엔의 현재가치 = 100 / (1 + 0.1)^3 = 75.131만엔

이제 짐작하겠지만, 미래 100만엔의 현재가치는 시간이 흐를수록 점점 작아져 결국에는 0에 한없이 수렴한다. 즉 제안 받은 영구채권의 현재가치를 총합으로 보면 어느 일정한 값에 한없이 수렴한다. 그 일정한 값은 얼마일까? 계산식은 고등학교 수학시간에 배운 등비수열의 합

1. 3

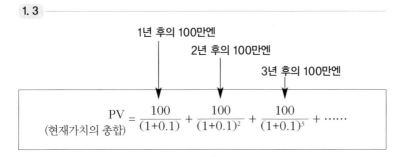

1년 후의 100만엔

2년 후의 100만엔

3년 후의 100만엔

$$\text{PV} = \frac{100}{(1+0.1)} + \frac{100}{(1+0.1)^2} + \frac{100}{(1+0.1)^3} + \cdots\cdots$$
(현재가치의 총합)

양변에 (1+0.1)을 곱한 것에서 원래 식을 빼면........

$$(1+0.1)\text{PV} = 100 + \frac{100}{(1+0.1)} + \frac{100}{(1+0.1)^2} + \frac{100}{(1+0.1)^3} + \cdots\cdots$$

$$-)\quad \text{PV} = \frac{100}{(1+0.1)} + \frac{100}{(1+0.1)^2} + \frac{100}{(1+0.1)^3} + \cdots\cdots$$

전부 소거되고 이것만이 남는다

0.1PV = 100

$$\text{PV} = \frac{100}{0.1} = 1,000\text{만엔}$$

이다. 계산 방법은 [1.3]과 같다. 복잡해 보이지만 내용을 알고 나면 간단하다. 답은 1,000만엔이다.

결국 정부 제안의 현재가치는 할인율 10%일 때 1,000만엔밖에 되지 않는다. 그리고 사실 이 1,000만엔이라는 숫자는 단순히 매년 수령하는 100만엔을 할인율 10%(= 0.1)로 나눈 금액과 같다.

일반형으로서의 공식은 다음과 같다. 이것이 영구채권의 현재가치 present value of perpetuity라 불리는 것이다. [1.4]

1.4 영구채권의 현재가치 ───────────────────

- 매년의 현금흐름 C

- 할인율 r

- 매년 영원히 C를 수령하는 금융상품의 현재가치 PV는

$$PV = \frac{C}{r}$$

제2장
기업 가치를
결정하는 요인

여기서 분명히 하고자 하는 것은 전혀 별개의 평가방식처럼 보이는 PER, 즉
이익에 대한 주가의 비율로 가치를 평가하는 방법이 그 근본적인 부분에 있
어서는 현재가치 개념과 이어져 있다는 점이다. '몇 배'라는 생각으로 주가
를 보는 사람은 많지 않다. 할인율이라는 단어가 나와서 갑자기 복잡해지는
것처럼 착각할 수도 있지만 개념 자체는 일상적으로 쓰이는 말이다.

▶ 1. 의외로 단순하다 : PV = C / (r − g)

지금까지의 설명이 이해가 되었다면 기업 가치 평가의 개념을 파악했다고 볼 수 있다. 왜냐하면 투자 대상인 기업의 가치는 그 기업이 앞으로 산출한 현금흐름의 현재가치이기 때문이다. 그 기업이 영원히 존속하면서 매년 C만큼의 현금흐름을 창출하고, 실제 그렇게 되지 않을 리스크를 감안한 할인율을 r이라 하면, {C / r}이 투자 대상의 현재가치, 즉 기업 가치와 같아진다.

영원히 일정한 현금흐름 C를 창출한다는 전제를 살짝 바꾸어, 매년 착실히 현금흐름 C가 일정한 비율 g만큼씩 성장한다면 이 현금흐름의 현재가치는 어떻게 될까? 앞서와 같은 방법으로 등비수열의 합을 구하면, [2.1]과 같이 되며, 다음과 같은 단순한 식이 도출된다. 이 공식을 '정률 성장 영구채권의 현재가치present value of growth perpetuity'라고도 한다.

$$PV = \frac{C}{r - g}$$

결론적으로 영원히 사업을 계속해서 현금흐름을 만드는 기본형 기업이라면 그 기업의 가치는 C, r, g, 이렇게 세 가지 숫자만 찾아내면 결정할 수 있다. 그 세 가지 요인을 말로 표현하면

C : 기업이 현재 연간 얼마의 현금을 만들어내는가 (기업의 수익성)

r : 기업이 장차 그 금액의 현금을 만들어내지 못할 리스크는 어느

2.1 정률 성장 영구채권의 현재가치

$$PV = \frac{C}{1+r} + \frac{C(1+g)}{(1+r)^2} + \frac{C(1+g)^2}{(1+r)^3} + \cdots\cdots$$

양변에 $\dfrac{1+g}{1+r}$ 을 곱하여 원래 식에서 빼주면

$$PV = \frac{C}{1+r} + \frac{C(1+g)}{(1+r)^2} + \frac{C(1+g)^2}{(1+r)^3} + \cdots\cdots$$

$$-)\quad \frac{1+g}{1+r}PV = \frac{C(1+g)}{(1+r)^2} + \frac{C(1+g)^2}{(1+r)^3} + \cdots\cdots$$

$$\left[1 - \frac{1+g}{1+r}\right]PV = \frac{C}{1+r}$$

전부 소거되고 이것만 남는다

$$\frac{r-g}{1+r}\ PV = \frac{C}{1+r}$$

식을 정리하면 결론은 의외로 간단

$$PV = \frac{C}{r-g}$$

정도인가 (기업의 안정성)

g : 기업이 창출하는 현금은 매년 어떤 속도로 성장하는가 (기업의
  성장성)

기업 가치나 주가가 이런 요인으로 결정된다는 사실을 알고 있는
사람도 많다. 다만 여기서 중요한 것은 당연하게 여겨지는 개념도 수식
으로 간단하게 표현할 수 있다는 사실이며, 이것이 전 세계에서 공용어
로 통용되는 이유이다. 이 공식은 기업 가치를 같은 토양 위에서 논의해
야 하는 자리에서 편리하다.

2.2 기업 가치 산정의 기본공식

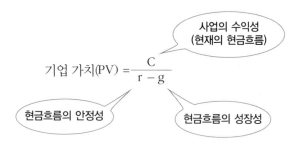

$$기업\ 가치(PV) = \frac{C}{r - g}$$

사업의 수익성
(현재의 현금흐름)

현금흐름의 안정성

현금흐름의 성장성

▶ 2. 동전의 양면 :
주가수익비율과 기대수익률

어느 회사의 주가가 싼지 비싼지를 이야기할 때 가장 널리 사용되는 평가 방식으로 주가수익비율price earning ratio, PER이 있다. PER에 관해서는 제4장 2.에서 자세히 분석할 텐데, 간단하게 말하자면 회사의 주가를 1주당 (세후)이익으로 나눈 비율이다. 보통 주가가 주당순이익의 몇 배인가로 표현된다. 어떤 회사의 주가가 1,000엔이고, 1주당 이익이 50엔이라면 이 회사의 PER는 20배(1,000 ÷ 50)가 된다. PER는 주가의 타당성을 검증하는 기준 지표의 하나로 사용되며, '이 회사의 PER는 20배로 업계 평균인 30배보다 저평가된 편이다' 같은 식으로 표현된다.

> 그렇다면, 왜 많은 투자자들이 이익에 대해 주가의 비율로 주가의 타당성을 측정할 수 있다고 생각에 동의하는 것일까?

사실 PER 개념은 앞서 설명한 현재가치를 구하는 공식과 같은 것이다. 둘은 동전의 양면 같은 관계로 같은 개념을 달리 표현하는 것에 불과하다. 앞에서 설명한 정률 성장 영구채권의 현재가치를 다음과 같이 변형해보자.

$$\frac{PV}{C} = \frac{1}{r - g}$$

여기서 좌변은 주가PV를 이익C으로 나눈 것, 즉 PER이고, 이것은 우변의 할인율 (r − g)의 역수와 같다. PER가 20배라고 할 때, 위의 식에 따르면, 20 = 1 / (r − g)이고 따라서 (r − g) = 1 ÷ 20 = 5%가 나온다. 구체적인 예를 들어 이 양쪽의 관계를 표시하면 [2.3]과 같이 된다.

당연한 이야기로, 이렇게 설명하면 배경지식이 없는 사람일수록 자연스럽게 받아들인다. 그런데 투자은행에서 활약하는 사람 같은 전문가들이 오히려 이것을 깨닫지 못하는 경우도 있다. '이익과 현금흐름은 다르다, 주주에게 현금흐름은 이익이 아니라 배당이다. 할인된 현금흐름의 평가방식은 너무 복잡하다' 등등 전문가들이 PER를 비롯한 각종 비율을 사용한 기업 가치 평가와 할인율을 사용한 현재가치 평가를 전혀 다른 별개의 방식인 것처럼 설명하는 모습을 자주 보곤 한다.

전문가 입장에서 보면 너무 단순화시킨 설명이라는 사실은 잘 알고 있다. 보다 상세한 논의에 대해서는 제4장 이하를 참조하기 바란다. 여기서 분명히 하고자 하는 것은 전혀 별개의 평가 방식처럼 보이는 PER, 즉 이익에 대한 주가의 비율로 가치를 평가하는 방법이 그 근본적인 부

2.3 PER와 할인율의 관계

어느 회사의 주가가 1,000엔, 그 회사의 그 해 1주당 이익이 50엔이라고 하면…

$$PER = 1,000 \div 50 = 20배$$

주가 = 1주의 기업 가치(PV)
1주당이익 = 현재의 현금흐름(C) 이라고 생각할 수 있으므로

$$PER = \frac{PV(1,000)}{C(50)} = 20배$$ 라 표현할 수 있다

한편, 기업 가치 산출 공식 $PV = C / (r - g)$
양변을 C로 나누면

$$\frac{PV}{C} = \frac{1}{r - g} = 20배$$

20배 = 1 ÷ 0.05이므로

$$r - g = 0.05 = 5.0\%$$

즉,

1주당 이익이 50엔인 회사의 주식을 PER 20배, 1,000엔으로 평가하는 것과, 50엔이라는 이익을 r -g = 5%로 영구채권화 하여 산출하는 주가 평가는 완전히 같은 계산인 셈이다

분에 있어서는 현재가치 개념과 이어져 있다는 점이다.

'몇 배'라는 생각으로 주가를 보는 사람은 많지 않다. 할인율이라는 단어가 나와서 갑자기 복잡해지는 것처럼 착각할 수도 있지만, 개념 자체는 일상적으로 쓰이는 말이다. 20배의 역수는 5%, 30배의 역수는 3.3%라고 할 때, 그 이면에는 (r − g)라는 개념이 깔려 있는 셈이다.

예컨대, 지금 주식시장의 전 종목 평균 PER가 약 50이라고 하자(주가가 당기 예상이익의 약 50배라는 의미이다). 이것은 현재 이익을 1 ÷ 50 = 2.0%의 할인율로 영구채권화 한 것과 마찬가지이다. r이 3%이고 g가 1%라는 말인지, r이 5%이고 g가 3%라는 말인지, 아니면 C가 내년에는 증가한다는 것인지, 이런 점과 무관하게 주식시장에 투자하는 사람들은 현재의 이익 수준, 그 안정성과 성장성에 어떤 숫자를 매긴 다음, 주가(=PV)를 결정하고 있다는 해석이 가능하다.

그리고 숫자를 바탕으로 의사결정하는 데 익숙한 외국인 투자자들은, 국내 투자자들이 C, r, g 각각에 어떤 숫자를 대입하여 PER 50배가 나온 것인지, 그것이 미국의 20~25배에 비해 왜 높은지 분석한다.

▶ 3. 금리와 **주가**의 친밀한 관계

  '미국 연방준비위원회의 그린스펀 의장이 0.5%의 금리 인하를 결정했다'는 뉴스가 발표되면 주가가 큰 폭으로 오르는 현상이 낯설지는 않을 것이다. 또 지금까지의 설명을 통해 금리가 변하면 주가가 움직이는 이유도 이해했으리라 생각한다. 국채 이자율이 기본 바탕이 되는 할인율 r이 금리 인하로 작아지면, PV(현재가치)가 커진다는 점은 공식으로 금방 알 수 있다.

  금리와 주가의 관계에 대해서는 여러 가지로 설명이 가능한데, 그런 다양한 설명들 모두 주가는 그 회사의 미래 이익(현금흐름)을 할인율로 나눈 현재가치라는 원칙으로부터 나온 것이다.

  예를 들어, '금리가 내리면 기업이나 가계가 지불해야 할 이자가 줄어들므로 대출은 늘어날 수 있으며, 설비 투자나 주택 구매 욕구도 높아져 경기가 좋아진다. 따라서 주가는 오른다'라는 설명은 다음과 같이 분해해서 생각해볼 수 있다.

▶ 지급 이자가 줄어드는 만큼 회사에 남은 C(이익이나 현금)가 증가한다.

▶ 금리가 내리면 대출이 쉬워져 설비 투자나 소비가 늘기 때문에, 제품을 생산하는 기업의 매출이 늘고 따라서 이익이 들어 회사의 C가 커진다.

▶ 늘어난 대출이나 증가한 이익을 재투자하여 연구 개발이나 신상품 개발, 인수 합병 등을 함으로써 지속적인 성장성(g)이 높아진다.

▶ 따라서 주가는 오른다.

주가는 미래에 대한 전망을 반영하여 형성된다는 점에서 앞으로의 경기를 점치는 좋은 지표로 여겨진다. 금리 인하로 경기가 실제로 좋아져 주가가 오르기도 하지만, 금리 인하 덕분에 기업의 수익성이 좋아질 것으로 예상하는 사람들이 늘어나 주가가 오르고, 그 결과 경기가 실제로 좋아지는 효과도 있다. 주가가 오르면 주식 투자로 돈 버는 사람들의 소비가 증가하고, 기업도 보유 주식의 평가이익이 늘어 신규 투자와 경쟁력 강화에 적극적으로 나서게 되며, 금융기관도 기업이나 개인에 대한 융자에 적극 나선다.

그러므로 금리 정책은 주가에 즉각적인 효과가 있고, 따라서 경기 대책으로 효과적인 방법이다. 이런 금융 정책에 무게를 둔 경제 정책을 신봉하는 사람들을 통화주의자라고 부르기도 한다.

그러면 그동안 사용된 일본의 저금리 정책을 살펴보자. 지금까지 설명한 관점에서 보자면, 주가 상승이라는 직접적이고 절대적인 효과가 있어야 하지만, 일본의 주가는 도무지 안정된 상승 궤도에 오르지 못하는 이유가 무엇일까? 앞서의 설명 방법을 이용하면 다음과 그 이유는 다음과 같다.

▶ 지금까지 대출이 너무 많았기 때문에 변제에 급급할 뿐 금리를 내린다고 대출을 늘리려 하지 않는다.

▶ 그 결과 r이 내려감에도 불구하고 g(성장성)의 상승을 체감할 만한 혁신이 기업에서 일어나지 않는다.

▶ 오히려 금리 인하로 회사가 본래 계획했던 기업 체질 개선 속도도 느려지고, 구조조정도 진척되지 않아 C가 커지지 않고, 기업 내에서 g를 높여야 한다는 긴장감도 찾아볼 수 없다.

다만 외국인 투자자 입장에서는 이 정도 저금리라면 돈을 빌려서라도 투자하겠다고 생각할 수 있을 것이다.

▶ 4. 회사의 개성을 숫자로 표현한다

할인율 = 기대수익률 = 자본비용

기업 가치 산정의 기본 공식 PV = C / (r − g)가 논리상 성립한다 해도, 그것을 가지고 특정 회사의 기업 가치나 적정 주가를 정확하게 산정할 수 있다고 생각하는 독자는 없을 것이다. 가장 큰 이유는 (r − g)로, 이 값을 정확히 파악하기 쉽지 않다는 데 있다.

먼저 다양한 회사의 특성, 그리고 쉬지 않고 변하는 회사의 가치를 (r − g)라는 수치로 표현하는 방법에 관하여 소개하겠다.

앞서의 설명에서 할인율은 리스크가 거의 없는 국채 이자율이 기준이 되고, 리스크에 따라서 거기에 일정 비율이 더해진다는 논리를 소개했다. 이 차이를 '리스크 프리미엄risk premium'이라고 한다. 일상생활에서 쉽게 접할 수 있는 대출의 경우를 생각해보자. 신용이 없으면 대출 금리가 높아지고, 간단한 심사로 융자를 받을 수 있는 대부업체의 금리는 더 높고, 어쩔 수 없는 경우 찾게 되는 사채의 경우는 어처구니없을 정도로 높은 이자를 물어야 한다. 대출 받는 사람 입장에서는 점점 금리가 높아진다고 생각하는 반면, 대출 해주는 사람 입장에서는 리스크가 점점 커진다고 생각한다. 리스크 프리미엄이란, 리스크가 커짐에 따라 늘어나는 이자율이라 할 수 있다.

그러면 기업 가치나 주가 산정에 있어 개별 회사의 리스크 프리미엄은 어떻게 산출되는지 알아보자.

투자자들이 리스크 없는 이자율과 비교하여 얼마나 큰 수익이 기대될 때 주식 투자에 참가할까? 여기서 기대되는 수익이 바로 리스크 프리미엄의 실체이다. 기업 가치 산정에 사용되는 할인율이 투자자 입장에서는 기대수익률이라 불린다는 것은 앞서 설명했다.

어느 회사의 주식에 투자할 경우, 투자자의 기대수익률은 다음의 세 가지 요소의 조합으로 결정된다.

① 리스크가 없는 채권(국채)의 이자율 (risk free rate, 무위험이자율)
② 투자원금도 미래의 수익도 보장되지 않는 주식시장에 참가하므로, 그 리스크를 감안하여 몇 %의 이자율을 추가로 기대하는가 (주식시장 프리미엄)
③ 그 회사에 고유한 리스크는 주식시장 전체의 리스크에 비하여 높은가 낮은가(베타 β)

이것을 식으로 정리하면 [2.4]가 된다. 이 공식은 자본자산가격결정모델capital asset pricing model, CAPM이라고 부르기도 한다. 그런데 이 공식은 투자자 입장에서 보면 기대수익률 산정 공식이지만, 자본을 조달하는 기업의 입장에서는 투자자에게 환원해야 할 것으로 기대하는 이자율이므로 사업 운영비용이라고 보는 것이 좋다. 따라서 기업 입장에서 이 식은 주식자본비용equity cost of capital 산정식이라고 볼 수 있다. 최근 일본의 대기업에서 내부 실적 평가를 위해 도입한 개념인 EVAeconomic value added는 주주에게 제공되는 자본비용을 바르게 인식하는 취지이다.

　여기서 중요한 문제가 생긴다. 그것은 바로 주식시장 프리미엄과

2.4 회사 고유의 리스크를 수치화하는 공식(CAPM)

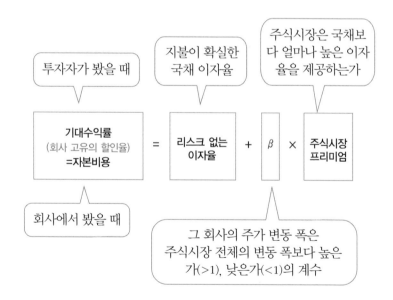

베타를 어떻게 정할 것인가 하는 문제이다. 정답은 '시장에 물어라' 이
다. 매일 시장에서 주가를 결정하는 데 참여하는 투자자들의 행동에서
얻은 데이터를 바탕으로 분석하는 것이 왕도이다.

위험한 회사 ≠ 리스크가 있는 회사 : **베타(β)란?**

베타(β)란 주식시장 전체의 변동성과 비교하여 개별 회사의 주가가
더 크게 움직이는가 더 작게 움직이는가를 편차의 값으로 나타내는 계
수이다. 과거 시장에서 그 회사 주가의 움직임과 같은 업종 회사들의 주
가 동향을 시장 전체 움직임과의 상관관계로 분석하면 산출할 수 있다.
시장의 움직임과 같은 정도로 움직인다면 $\beta = 1$이 되고, 진폭이 더 크다
면 그 회사의 베타는 1보다 크고, 움직임이 더 작다면 베타는 1보다 작
은 값이 된다.

그러면 리스크의 정도를 측정하는 데 왜 편차 값을 사용할까?

파이낸스의 세계에서 리스크는 불확실성의 정도를 나타낸다고 이
해하는 것이 좋다. 리스크를 위험이라고 번역하면 기업의 주가가 떨어
질 확률만 생각하기 쉽지만, 파이낸스의 세계에서는 그렇지 않다. 적자
가 계속되면서 주가도 장기적으로 하락하는 회사는 '존립이 불안하다'
고 할 수 있다. 이런 회사에 투자하는 위험은 명확하다. 그리고 이것은
투자자에게 '리스크'가 아니다. 그보다는 신제품을 화려하게 발표하여

주가가 치솟았다가 다음 달 상품 결함이 발견되어 전량 회수하여 주가가 급락하는, 이런 유형의 회사를 '리스크가 큰 회사'라고 생각하는 것이 '리스크'의 의미에 가깝다.

원점으로 돌아가서, 결국 투자 가치로서 기업 가치의 원천은 그 회사가 앞으로 가져올 수익(또는 현금흐름)일 뿐이다. 미래의 모습에 확신을 주지 못한 채 흔들리는 회사의 경우, 가격의 할인 폭이 커지는 것이 당연하다. 베타는 이것을 계수로 표현한 것이라 할 수 있다.

원래 자본자산가격결정모델(CAPM)은 리스크를 분산하는 포트폴리오 투자 이론을 기초로 하고 있다. 여기서 개별 주식의 리스크 프리미엄은 효율적으로 분산된 포트폴리오(주식시장 전체)의 리스크에 어느 정도 영향을 주는가 하는 관점에서 산정된다. 즉 개별 회사의 불확실성(리스크)을 그대로 반영하여 수치화 하는 것이 아니라 분산 투자하고 있는 기관투자가가 봤을 때 그 회사의 위치는 어떻게 평가받고 있는가 하는 관점에서 베타를 사용하고 있다는 점에 유념할 필요가 있다.

주식시장 프리미엄의 산정 : 주식은 국채보다 수익률이 높다

주식시장 프리미엄은 과거 주식 투자가 국채 투자와 비교하여 얼마나 높은 수익률을 실제 달성했는가, 라는 실증 데이터에서 도출되는 것으로 알려져 있다. 미국의 경우 과거 50~60년간 실적치가 6~7%이며,

일본의 경우 과거 30년간 실적이 5~6% 정도라고 한다.

이 숫자는 매우 중요한 의미를 갖는다. 과거 실적에 비추어 주식시장 프리미엄이 있다는 사실은, 주식 투자라는 것이 단기적인 출렁거림은 있지만 장기간 믿고 계속 투자했을 때 국채보다 몇 퍼센트 높은 수익률을 실현했다는 실증 데이터라는 의미이다. 말하자면 리스크를 진 사람이 지지 않은 사람에 비해 더 많은 보상을 받았다는 자본주의의 역사적 증언이라 할 수 있다. 그러므로 지금 주식시장에 참여하는 투자자들은 과거 실적과 비슷한 정도의 높은 수익률을 기대하고 또 그것은 당연하다고 생각한다. 이것이 주식시장 프리미엄의 근거가 된다.

주식시장이 국채보다 높은 수익률을 달성해왔다는 사실은 결코 우연이 아니다. 거꾸로 생각하는 편이 오히려 이해하기 쉬울 것이다. 지금까지 경제는 발전해왔다. 즉, 부의 파이가 전체적으로 커진 것이다. 그것은 리스크(= 불확실성)가 있음에도 불구하고 그 게임의 참가자들은 전체적으로 돈을 벌었다는 것을 의미한다. 경마와 같이 공인된 도박의 경우, 운영에 소요되는 비용과 정부나 지방자치단체의 몫을 뺀 나머지를 배당하기 때문에 참가자 전체로 보면 손해 볼 수밖에 없는 구조이지만, 주식시장은 경제가 발전하며 기업 수익이 성장하는 이상 제로섬 게임이 아니라 플러스섬 게임의 세계인 것이다.

이 세계에서 리스크를 지는 것을 꺼리는 사람, 즉 불확실성 때문에 모험을 피하는 사람은 그 몫도 당연히 작아진다. 리스크 프리미엄이라는 단어의 의미는 본래 '리스크를 회피하여 이익 금액을 고정하기 위해 지불하는 비용'이다. 그렇게 생각하면, 리스크를 전적으로 떠안은 주식 투자자가 리스크를 피하기 위해 프리미엄을 지불하고서라도 원리금이 보장된 국채를 산 투자자보다 높은 수익률을 거두는 것이 당연한 결과이다.

이렇게 설명하니 주식 투자를 좋아하는 한 친구가 즉석에서 반론했다.

> 나는 주식에 투자하면서 국채보다 고작 5%나 7% 높은 수준의 수익률을 기대하는 것이 아니야. 나는 1년에 두 배가 될 만한 주식에 투자하지. 못해도 30% 정도를 기대할 수 없는 주식에는 투자하지 않아.

나는 이것을 언어의 문제라고 생각한다. 그가 말하는 것은 기대expect가 아니라 바람hope이다. 그는 입으로는 '이 주식은 확실히 1년 후에 두 배가 된다'고 하겠지만, 실제 그렇게 될 확률은 고작해야 5분의 1 정도이다. 마찬가지로 5분의 1 확률로 30% 상승할 것, 5분의 1 확률로 전혀 오르지 않을 것, 5분의 1 확률로 30% 하락할 것도 염두에 둔다. 나머지 5분의 1 확률로 1년 후에 주가가 반 토막 될 것도 걱정한다. 이 경우 그가 실제로 '기대'하는 수익률은 [2.5]처럼 가중평균하여 10%인 셈이다.

경마에서 배당률이 3배 되는 마권을 산 사람은 3배가 될 것을 '기대'하고 있다고 말할지 모르겠지만, 그렇게 '바랄' 뿐 기대할 수는 없다. 기대라는 단어는 매우 냉정하고 분석적인 용어로 사용된다. 이런 의미의 기대라면, 이 마권을 산 사람은 손해 볼 것이 '기대'된다는 것이 현실이라고 말할 수밖에 없다. 경마 시스템은 판의 주인이 따도록 되어 있기 때문에 기대치는 마이너스일 수밖에 없다.

주식시장에 참여하는 투자자의 기대수익률로 화제를 돌려보자. 현실적으로 시장을 움직일 만한 규모의 자금을 투자하는 곳은 기관투자가이다. 그들은 돈을 벌기도 하고 잃기도 하지만 장기적으로 국채에 투자한 것과 비교하여 몇 % 더 높은 수준의 수익률을 실현하는 정도라면 그

2.5 주가 100엔인 주식의 기대수익률 계산

1년 후	주가	×	확률	=	기대치
2배	200	×	20%	=	40엔
30% 상승	130	×	20%	=	26엔
현 상태	100	×	20%	=	20엔
30% 하락	70	×	20%	=	14엔
반 토막	50	×	20%	=	10엔
합계			100%	=	110엔

2배인 200엔이 될 것을 '바라고' 있지만, 실제로는 110엔이 되는,
10%의 이율이 '기대'된다

책무를 충분히 하고 있는 셈이다. 그리고 주식시장이 장기적으로 국채보다 몇 % 더 높은 수준의 수익률을 달성한다는 기대에 부응하는 한, 기관투자가들의 자금 운용처로 신뢰를 잃지 않을 것이다.

▶ column

미국 투자은행 현장은
계산보다 예술의 경지

지금까지 살펴본 바와 같이, 주식시장 프리미엄이나 베타 값은 과거의 실증 데이터를 분석하여 정해진다는 것이 정설이다. 경영대학원의 재무론 교과서도 그렇게 설명하고 있다. 시장에 참가하는 투자자들은 그것을 믿고 가격을 산정하고 있으므로 그것이 '올바른' 방법이 된다.

그런데 정말로 기업 가치나 주가는 그렇게 정해지는 것일까? 1980년대 후반, 일본의 국내 은행에서 M&A 업무를 하던 시절, 나 스스로 이 점에 대해 납득하지 못했었다. 과거 수십 년에 걸친 장기 평균 수익률과 과거 여러 해 동안의 시장과 주가 동향이 어떻게 오늘의 투자 판단 기준으로 적절하다는 말인가? 회사도 투자자도 늘 변하는데 '과거 평균이 이러하니까'라는 타성에 젖은 이유로 투자 가치를 판단할 수 있는 것일까?

내 나름의 결론부터 이야기하자면, 할인율 = 기대수익률 = 자본비용은 기계적으로 도출되는 단순한 숫자가 아니다. 오히려 직관적, 예술적으로 결정하면서도 합리적으로 결정하는 방법인 것이다. 내가 이렇게 확신하게 된 일화를 소개한다.

1990년대 초, 나는 골드만삭스라는 투자은행의 도쿄 지점에서 일하게 되었다. 우선, 미국 본토에서 제대로 훈련받으라는 차원에서 뉴욕 본사로 연수를 가게 되었다. 당시 미국은 대기업 인수 붐이 일단락되었을 무렵이다. 그럼에서 수십 억 달러 규모의 사안이 몇 개씩 동시에 진행되고 있는 골드만삭스 본사는 미국 M&A 업계 1인자라는 자부심과 전쟁터 같은 함성 소리가 넘치는 직장이었다.

비교적 작은 규모 회사의 매각 건으로 나는 입사 1년차의 젊은 사원과 함께 그 회사의 가치 평가 보고서를 작성하게 되었다. 동료인 더글러스는 미국 일류 경영대학원에서 MBA를 마쳤으며 재무에 관한 이론을 꿰고 있는 엘리트이다. 그는 교과서대로 주식시장 프리미엄을 7%로 잡고, 할인율을 13~15%로 하여 가치 평가를 했지만, 산출되는 값이 너무 작아 현실성이 없었다. 미래의 수익 예상을 바꿔보기도 하고 베타 값을 낮게 설정해보기도 했지만, 그렇게 하면 숫자놀음 같은 평가보고서가 되어 설득력이 떨어졌다. 더글러스도 고개를 갸웃거릴 뿐이었다. 일찍이 주식시장 프리미엄의 근거에 의문을 품고 있던 나는 좋은 기회라고 생각하고 이런 제안을 했다.

"더글러스, 1930년 이후의 평균 수익률이라는 7%의 주식시장 프리미엄은 너무 높은 것 같아. 무위험이자율no risk rate로 10년 만기 국채를 사용하고 있으니 주식시장 프리미엄도 과거 10년 정도의 것을 토대로 하면 어떨까? 주식 투자자들도 사실 50년이라는 초장기가 아니라 10

년 정도의 기간을 생각하고 있다고."

여기서 우리는 과거 10년의 뉴욕 주식시장의 합계 수익률과 국채 이자율의 차이를 계산했다. 때마침 뉴욕 주식시장은 블랙 먼데이의 여파로 주가 수준이 떨어져 있었다. 주식시장 프리미엄은 과거 10년간 1% 정도였던 것으로 나왔다. 1%를 그대로 주식시장 프리미엄으로 사용하면 회사 가치는 당연히 크게 증가한다.

이번에는 살짝 높게 나온 가치에 불안을 느낀 더글러스의 제안으로, 이러한 생각의 정당성을 확인하고자 주식 부문 애널리스트에게 의견을 구하기로 했다(새파란 신출내기의 의견에도 진지하게 대응하는 미국의 풍토에 새삼 감동했다). 애널리스트는 우리의 논거에 대해서는 반론하지 않았다. 그러나 주식시장 프리미엄을 1%로 한다는 것에는 동의하지 않았다. 그럼 어떻게 하란 말인가! 좌절하는 나와 더글러스에게 그 애널리스트는 이렇게 조언해주었다.

"나는 매일 주가 수준에 대해 조사하여 기관투자가에게 설명하면서 대화를 나누고 있지. 그러면서 지금의 시장 환경에서 기관투자가는 최소한 3%의 리스크 프리미엄이 없으면 주식시장에 투자하지 않을 것이라는 것을 느끼게 되었지. 1%로 하는 것에는 반대지만 3%라면 반대하지 않겠어."

리스크 프리미엄을 3%로 잡고 평가해보니 신기하게도 다른 숫자들을 무리하게 바꾸지 않아도 현실성 있는 가격이 도출되었다.

우리의 평가보고서는 고객에게 보고하기 전에 상사인 파트너에게 설명하고 승인을 받지 않으면 안 되었다. 파트너는 할인율을 어째서 10% 전후로 했는지 질문했고, 우리는 전날 주식 부문 애널리스트와 논의한 것을 설명했다. 파트너도 납득했고, 프레젠테이션에서 고객도 쉽게 이해했다.

이 경험은 나에게 충격이었다. 교과서의 숫자보다도, 내 나름대로 합리적이라고 생각했던 과거 10년의 실증 데이터보다도, 애널리스트의 말 한마디가 더 설득력이 있었다. 시장의 최전선에서 밤낮으로 시장과 호흡하고 있는 전문가의 직관을 근거로 회사의 정확한 가치가 도출되었다. 투자은행의 근원지인 미국에서는 당연한 일일 수 있겠으나 적어도 나에게는 기업 가치 평가의 본질을 실감하게 했던 경험이었다.

미국 주식시장에서 투자자의 신뢰를 지지대 삼아 신용을 쌓고 성과를 거두어온 월스트리트의 유력 투자은행에는 경험이 부족한 사람들이 아무리 뛰어난 머리로 분석해도 맞설 수 없는 현장 역량이 있다. 그렇기 때문에 그들에게 고액의 수수료를 내면서라도 투자 자문을 받으려 하는 '간판 가치'가 생기는 것이다.

▶ 5. **인터넷 벤처기업**의
주가 형성의 이해

지금까지 설명한 대로 주가의 구성요소를 분해해보면, 과거 인터넷 벤처기업의 주가가 급등했던 시기에 어떤 사고방식이 유행했었는지 체계적으로 이해할 수 있다.

어떤 인터넷 비즈니스 회사의 주가가 PER 200배로 평가되었다고 하자. '이익 200년분을 미리 지불하고 있다'고 표현하면 이 회사의 주가가 지나치게 비싼 것처럼 보이지만, 이것이 현재의 금리 수준이며 인터넷 비즈니스에서는 결코 이상하다고 단언할 수 없다는 점을 앞서 보았던 영구채권의 현재가치를 이용하여 설명해보자.

우선 할인율의 기준이 되는 것은 r이다. 이것은 리스크 없는 장기 국채를 기준으로 한다. 최근의 저금리 추세를 감안하면 r은 지금까지의 설명에서 사용한 10%보다 훨씬 낮은 1.5% 수준에 있다. 그러면 리스크 프리미엄은 어떨까? 인터넷 비즈니스의 세계에서 일단 승자가 되면 그 지위가 쉽게 뒤집히지 않는다. 야후나 아메리카온라인AOL 같은 성공 기업을 생각하면 이해가 쉬울 것이다. 이런 회사들은 일단 성공 궤도에 들어서면 점유율이 눈덩이처럼 불어난다. 벤처 회사라고 무조건 불안정하다고만 할 수도 없다. 미국 애널리스트의 직관을 존중하여 주식시장 프리미엄을 3%, 베타를 1.0이라고 하자. 국채 이자율을 1.5%라고 하면 (이들의 합인) r은 4.5%가 된다.

다음으로 성장률 g를 살펴보자. 이것은 시장 자체가 어떤 수준으로 확대되는가, 그리고 그 시장의 특정 회사가 얼마만큼 시장을 점유하는가를 판단하여 결정할 수 있다. 인터넷은 혁명이라 불릴 정도로 앞으로 인류의 생활과 사업의 근본 영역에 커다란 영향을 주므로, 상당히 장기간에 걸쳐 시장 확대가 예상되며, 그 속에서 잘나가는 회사의 경우 연 4% 정도로 계속 성장한다고 가정해도 무리한 것이 아니다. 물론 '영원히' 4%씩 성장할 것이라 가정할 수는 없지만, 급격히 성장한 뒤 안정적인 성장 궤도에 들어선다고 생각해도 무리가 없다.

마지막으로 C를 보자. 영속적으로 이익을 내면서 성장하기 위해서는 설비투자의 지속적 확대가 필수적이라는 것이 지금까지의 상식이었다. 그런데 인터넷 비즈니스란 상대적으로 매우 적은 설비만으로도 운영이 가능하고, 실물 자본이 필요하지 않은 기획이나 아이디어라는 경영 자원에 의해 무한히 확장할 수 있다는 생각이 많았다. 그렇다면 제한적으로 투자를 해도 영속적 성장이 가능한 사업 형태로 볼 수도 있다.

전통적 대기업에서 C는 항상 많은 직원을 고용하면서 설비투자에도 계속적으로 지출하고 남은 금액이고 하면, 인터넷 비즈니스 회사의

C와 같은 정도가 되어도 이상하지 않다.

앞서 공식에서 도출한 대로 PER는 할인율 (r − g)의 역수이다. 인터넷 회사의 PER가 200이라는 것은 1 / 200 = 0.005 = 0.5%로 나누는 것과 같고, 이 사례에 맞춰 생각하면 r = 4.5%로 성장률 g = 4%로 가정한 것과 같게 된다.

심지어 200배를 돌파하는 PER도 가능하다. 이러한 성장 기업은 벌어들인 수익을 주주에게 배당하지 않고 새로운 사업 분야를 찾아 재투자 하는 것이 올바른 성장 전략이기 때문이다.

비슷하게 급성장이 예상되는 주변 분야에 이익이 재투자된다면, 거기서 다시 PER 200배의 세계가 펼쳐지고 기업 가치는 기하급수적으로 늘어난다. 소프트뱅크는 야후를 핵으로 하여 실제로 이런 확대 전략을 그려가고 있다. 이렇게 해서 r보다 g가 커지게 된다는 가정이 상당히 현실성 있게 투자자에게 다가온 것이다. 그리하여 미국이라는, 가치 평가나 적정 주가 산정에 있어 일본보다 훨씬 앞서는 투자 선진국에서조차도 지금까지의 PER 개념으로는 설명할 수 없을 정도의 주가가 형성되는 사태가 벌어진 것이라 할 수 있다.

주식시장에서 인터넷 비즈니스가 지금까지의 상식으로는 상상조차 할 수 없었던 주가를 형성했던 배경은 이렇게 설명할 수 있다. 그리고 그 이후 주가가 급락했던 것은 설비투자도 필요 없고 무한히 성장을 계속할 수 있을 것이라 여겨졌던 인터넷 비즈니스에 예상 외로 비용이 계속 발생되고(C가 커지지 않고), 지속적인 기하급수적 고성장을 가정하는 것(g를 높게 설정하는 것)이 비현실이라는 것을 보여주는 실제 사례가 발생했기 때문이라 설명할 수 있다. 또한 진입장벽이 낮기 때문에 가격 경쟁이 격화되어 수익의 성장성에 의문이 생겼기 때문이라는 설명도 가능하다. 특히 요즘 같은 저금리 상황에서 성장률이 4%에서 3%로 조정되기만 해도 $(r - g)$는 0.5%에서 1.5%로 3배 상승하여 그 결과 주가는 3분의 1이 된다.

이처럼 저금리 상황에서 분모인 r이 작은 환경에서는 C나 g의 사소한 변화가 현재가치에 커다란 영향을 주게 된다. 저금리 정책 기조에서 버블이 발생하기도 쉽고 또 꺼지기도 쉽다는 사실을 이처럼 단순한 공식에서 논리적으로 도출할 수 있다.

03

제3장

회사의 가격과
기업 가치의 차이

기초편의 마지막 장인 이 장에서는 경영학의 교과서적인 이론에 근거하여 산출되는

'기업 가치'와 실제로 M&A에서 거래되는 '회사의 가격', 그리고 그것을 소액으로

세분화한 지분으로서 주식시장에서 매매되는 '주가'가 서로 어떤 관계에 있는지를

분명히 할 것이다. 사용되는 용어가 다소 혼란스러워 이해가 어려운 부분도 있으므

로 권말의 용어집 '기업 가치 관련' 부분을 참조하면 도움이 될 것이다.

▶ 1. 주식의 가격과 회사의 가격

우선은 주가와 회사의 가격 간의 관계를 정리해두자.

주식이란 회사의 소유권을 소액으로 세분화한 것이다. 따라서 회사가 발행하고 있는 모든 주식의 수(발행주식 총수)와 주가, 회사의 가격(회사 가치) 사이에는 다음의 관계가 성립한다.

주가 = 회사 가치 ÷ 발행주식 총수

이것은 당연해 보이지만 여기에는 의외로 함정이 있다. 몇 가지 착각하기 쉬운 사례를 들어보자.

전통적 대기업의 주가가 1,000엔인데 이제 막 생겨난 벤처기업의 주가가 100만엔이라는 것은 상식적으로 분명 이상하지 않은가.

대기업에는 많은 설비 자산과 직원들이 있다. 이들에 대한 비용을 전부 지불한 후 남는 이익이 설비 자산을 갖고 있지 않은 소규모 벤처회사와 같아지는 상황은, 특히 경기 침체기에 많을 수 있다. 양 사의 이익 규모가 같고 대기업의 발행주식 수가 벤처기업 발행주식의 1,000배라면, 주가는 당연히 1000분의 1이 된다.

▶ 발행주식 총수를 고려하지 않고 주가의 고저를 논하는 것은 당찮은 일이다.

> 액면가가 50엔인 주식과 액면가가 5만엔인 주식의 가격 차이가 1,000배 나는 것은 당연하지 않은가.

꼭 그렇지만은 않다. 액면가가 50엔이건 5만엔이건 그 주식의 액면가는 주가와 무관하다. 회사의 가격이 투자 가치로 정해지는 이상, 주가는 미래의 이익 배분이 어느 정도 기대되는가에 의해서만 결정되는 것으로, 주권의 액면에 쓰인 숫자와 주가는 전혀 연동되지 않는다. 이 경우 액면가 50엔 주식의 발행 총수가 액면가 5만엔 주식의 1,000배가 되어야 비로소 대답은 O이다.

▶ 주식의 액면가와 주가 사이에는 아무 관계도 없다.

회사의 상태가 전혀 바뀌지 않았는데 갑자기 주가가 반 토막 나는 일이 가능한가.

발행주식 총수가 2배가 되면 그렇게 된다. 그 회사가 1:1의 주식 분할을 실시하면 같은 이익을 이전보다 2배 많은 발행주식 수로 나누게 되므로 주가는 절반이 되는 것이 오히려 당연하다.

▶ 주식 분할 발표 그 자체로는 기업 가치의 증가로 이어지지 않는다.

스톡옵션을 발행하는 회사의 발행주식 수는 어떻게 계산해야 하는가.

여기에 대한 대답은 좀 복잡하다.

스톡옵션은 주가를 내리는가

스톡옵션stock option이란 '자기 회사 주식을 미래에 미리 정해진 가격으로 살 권리'이다. 벤처기업 등에서 많이 활용되면서 들어본 사람들도 많을 것이다. 회사가 성장하고 주가가 상승할 경우, 이 권리를 행사하여 과거의 싼 가격으로 주식을 살 수 있다. 주식을 사자마자 시장에서 매도하면 차익을 바로 볼 수도 있다. 만일 주가가 오르지 않아 미리 정해진 가격보다 낮은 상태라면 이 권리는 유명무실해진다. 스톡옵션 제도는 벤처기업에서 애용된다. 아직 이익이 나지 않는 신생 벤처기업에서는 능력 있는 직원에게 높은 급여를 줄 수 없는 대신 스톡옵션을 줌으로써 직원들이 미래에 주가가 올랐을 때 거액의 보너스가 들어오는 꿈을 가질 수 있기 때문이다. 또한 스톡옵션은 직원들에게 회사 가치를 높이고자 하는 동기를 부여한다.

가령 회사 가치 1억엔인 회사가 1만주의 주식을 발행했다고 하자. 이 회사의 주가는 계산상

1억엔 ÷ 1만주 = 1만엔

이 된다. 그러나 이 회사가 창업자와 직원들게 언제라도 5,000엔에 자사주를 구입할 수 있는 스톡옵션 1만주분을 부여했다고 하자. 그럼에도 주가는 1만엔이어야 할까?

주식을 공개하여 1만엔이라는 '정당한' 주가가 형성된 순간에 5,000엔을 지불하고 전원이 그 권리를 행사한다고 가정해보자. 그럴 경우 주가는 어떻게 될까? 회사 가치 1억엔에 새롭게 지불된 5,000만엔이 더해져 1억 5,000만엔, 발행주식 총수는 1만주가 늘어 2만주가 되므로

1억 5,000만엔 ÷ 2만주= 7,500엔

이 된다. 주식시장에서 주가가 1만엔 그대로 유지되고 있다면 스톡옵션을 행사함과 동시에 그 주식을 시장에서 매도함으로써 매각 이익이 고스란히 창업자와 직원의 주머니로 들어간다. 스톡옵션이 행사되면 1만엔이라는 주가는 하락할 것이 분명하다. 그 이전에 1만엔의 가격대에서 주식을 산 사람들은 앞으로 7,500엔이라는 적정 가격으로 주가가 떨어질 것을 각오해야 하는 상황에 놓인다.

그렇다면 잠재적인 총 주식 수를 감안하여 2만주를 발행주식 총수로 놓아야 할까? 투자자가 모두 똑같이 총 주식 수를 2만주로 생각하고 처음부터 주가가

1억엔 ÷ 2만주 = 5,000엔

으로 형성된다면, 스톡옵션을 행사해봐야 얻을 이익이 없으므로 창업자나 직원들은 스톡옵션을 행사하지 않을지도 모른다. 그러면 발행주식 총수는 2만주가 되지 않는다.

이렇게 스톡옵션을 부여하는 회사의 경우, 옵션의 행사 가격, 행사할 수 있는 시기, 회사 가치에 대한 전망 등 다양한 요인을 고려하지 않으면 '발행주식 총수는 몇 주인가?' 라는 단순한 질문에도 대답할 수 없다.

전환사채나 신주인수권부사채도 원리는 스톡옵션과 다르지 않다. 전환사채란 원래 금리가 붙어 있고 상환일에 원금이 돌아오는 회사채인데 일정 조건 아래서 주식으로 '전환'할 수 있는 유가증권이다. 신주인수권부사채란 만기에 상환되는 보통의 회사채이지만 덤과 같은 형태로 스톡옵션 같이 주식을 일정 가격으로 매수할 권리가 붙어 있는 것이다. 이런 '하이브리드' 회사채의 경우, 주식 시세의 상승 국면에서는 투자자에게 매력적이므로 그만큼 이자율을 낮게 유지할 수 있다. 1980년대 후반, 기업들이 너나할 것 없이 저금리로 자금을 조달하여 버블에 자금을 쏟아 부었다. 전환사채나 신주인수권부사채나 주가가 상승했을 때는 발행주식 수를 늘려 주가 상승을 억제하는 효과를 낳는다는 점은 스톡옵션의 사례와 완전히 동일하다. 전술한

주가 = 회사 가치 ÷ 발행주식 총수

라는 원칙을 누구나 다 아는 상식이라고 웃어넘기는 사람들 중에서도 스톡옵션이나 주식 수 증가를 동반한 회사채의 영향을 빈틈없이 계산하여 분석하는 사람은 많지 않을 것이다.

▶ 2. **대차대조표**와
회사의 가격의 관계

회사의 가격과 **기업 가치**는 다르다

이로써 단순히 주가끼리 비교하여 높고 낮음을 논한다는 것은 발행 주식 수를 고려하지 않고서는 말도 되지 않는 일이라는 것이 분명해졌다. 그리고 앞에서 설명한 식에서 알 수 있듯, 회사의 가격(이하 회사 가치)은 주가와 발행주식 총수로부터 산출된다. 이는 주식 시가총액 (Market Capitalization, Market Value, MV)이라 불리며,

> 회사 가치 = 주식 시가총액 = 주가 × 발행주식 총수

라고 이해해도 좋다. 즉 상장회사의 경우 주식시장에서 '가격표'가 붙게 되고, 회사 가치는 시장에 의해 산정된다.

한편 제1장과 제2장을 통해

> 기업 가치 = 미래 수익(현금흐름)의 현재가치

라는 '공통 언어'에 대해 설명했다.

기업 가치와 회사 가치(주식 시가총액)라는 두 가지 용어를 사용한 이유는, 이 둘의 금액이 다르기 때문이다. 이 둘의 차이가 어디서부터, 어째서 생겨나는 것일까? 기업 가치와 회사 가치의 차이를 이해하기 위해서는 대차대조표를 잘 살펴보아야 한다.

대차대조표의 구조

지금까지는 기업을 황금 알 낳은 거위에 비유하면서 오로지 사업이 매년 창출하는 수익과 현금의 흐름에만 주목했지만, 실제 회사는 오랜 기간에 걸쳐 축적해온 요소도 갖고 있다. 이것은 회사의 대차대조표에 나타난다. 먼저 [3.1]을 기초로 그 구조를 살펴보자.

대차대조표의 좌측은 자산, 우측은 부채와 자본으로 이루어지며, 양자는 균형을 이룬다. 자산은 두 가지로 분류한다. 현금, 예금 같은 잉여자산(cash = C, 현금 및 현금등가물 또는 현금유동성이라 불린다)과 사업 활동을 계속하기 위해 필요한 자산(A)이다. A에는 매각대금, 재고 같은 유동자산과 공장, 사무소 설비 같은 고정자산이 포함된다. 부채도 둘로 나눈다. 사업 활동에서 필연적으로 생기는 영업부채(B)는, 익월말 지불로 매입했을 때 생기는 매입채무의 잔고, 아직 지불하지 않은 직원의 임금, 세금 등을 생각하면 된다. 거기에 더해 은행 차입이나 회사채 같은 차입금(debt = D)이 있다. 이것은 매년 이자를 지불하고 만기가 도래하면 변제해야 하므로 유이자부채라고도 한다. 차입금은 설비투자를 조달하거나 재고의 운전자금에 충당하는 것이므로 사업 활동에 필요한 부채임에는 틀림없다. 다만 이것을 차입금이 아니라 출자금으로 조달할 수도 있으므로 사업 활동에서 필연적으로 발생하는 영업부채(B)와 구별해둔다.

3. 1 대차대조표의 구조

자본의 부(equity = E)는 주주가 출자한 자금과 회사가 지금까지의 활동으로 축적한 이익을 더한 것으로 순자산 또는 주주자본이라고도 한다. 순자산(E)은 회사의 전체 자산(A + C)에서 모든 부채(B + D)를 뺀 나머지와 같다. 이것은 주주가 보유 주식 수에 따라 소유하고 있는 부분이기도 하다.

주식의 시가총액이란, 이 장부가격 순자산 E가 시장에서 거래를 통해 '시가'로 평가 전환된 것이라고 할 수 있다.

한편, 미래 현금흐름의 현재가치로 산출한 기업 가치는 회사가 영업자산(A)과 영업부채(B)를 사용하여 창출하는 현금의 현재가치이다.

다음에서는 기업 가치와 시가총액의 관계를 조금 더 자세히 살펴본다.

기업 가치와 시가총액의 차이

똑같은 사업 자산과 사업 부채를 갖고 똑같은 활동을 하고 있는 두 회사 X와 Y를 상정해보자. 창출하는 현금흐름이 같다고 하면 양자의 기업 가치는 같아야 한다.

X사의 대차대조표에는 축적된 100억엔의 현금과 예금이 있고, 차입금은 0이며, Y사의 대차대조표에는 100억엔의 은행 차입이 있고 현금과 예금은 0이라고 하자. 이 두 회사가 주식시장에 공개되어 있을 경

우, 사업 내용이 같고 기업 가치가 같다고 해서 두 회사의 시가총액이 같다고 말할 수는 없다. 두 회사가 이 시점에서 청산할 경우 무슨 일이 일어날까?

X사의 주주는 영업자산의 매각 이익에 더하여 100억엔의 현금을 분배받는다. 반면 Y사의 주주는 영업자산을 매각하여 얻은 금액으로 영업부채를 변제하고 100억엔을 은행에 갚은 후 남은 금액이 있다면 그것을 분배받는다. 그렇다면 두 회사의 주식 시가총액은 200억엔의 차이가 나는 것이 당연하다.

X와 Y, 두 회사의 기업 가치가 그 영업자산(A)과 영업부채(B)의 차액과 같은 500억엔이라고 가정하고 두 회사의 시가총액이 200억엔 차이 나는 이유를 대차대조표로 살펴보면 [3.2]와 같다.

이렇게 실제 회사의 대차대조표에는 현금, 예금 등 소위 잉여자산(C)이 있고, 차입금(D) 역시 존재한다. 미래 현금흐름의 현재가치로서의 기업 가치도 실제로는 영업자산과 영업부채의 차액이 되지 않는다. 때문에 기업 가치([A − B]의 시가)는 순자산(E)이나 그 시가인 시가총액과 같아지지는 않는다.

기업 가치(Enterprise Value, EV; 업계 용어로는 기업총가치라고도 한다)를 시가총액Market Value, MV에서 산출하려면 시가총액에서 차입금(D)를 더하고 잉여자산(C)를 빼야 한다. [D − C]는 잉여자산으로 상쇄한 후 남는 차입금으로 순부채Net Debt라 불린다. 이를 그림으로 표현하면 [3.3]과 같다.

3. 2 기업 가치와 시가총액의 관계   --------------------------------------

X사, Y사 모두 기업 가치는 A − B = 500억엔이라고 가정

| 영업자산
(A)
700억엔 | 영업부채
(B)
200억엔 |
| | 기업 가치
500억엔 |

⬇

X사의 회사 가치(시가총액)
= 600억엔

영업자산 (A) 700억엔	영업부채 (B) 200억엔
	기업 가치 500억엔 + 현금 · 예금 100억엔 = 600억엔
현금 · 예금 100억엔	

Y사의 회사 가치(시가총액)
= 400억엔

영업자산 (A) 700억엔	영업부채 (B) 200억엔
	차입금 100억엔
	기업 가치 500억엔 − 현금 · 예금 100억엔 = 400억엔

3. 3 시가총액에서 산출한 기업 가치

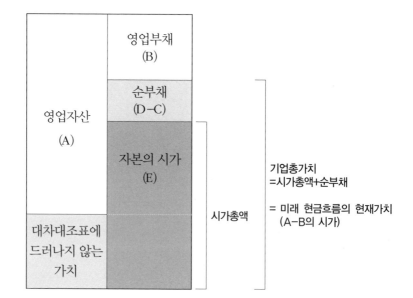

▶ 3. 브랜드나 인재의 가치는 어디에 나타나는가

대차대조표에는 없는 가치

대차대조표상의 전체 자산에서 부채를 뺀 차액인 순자산(E)과 회사의 시가총액에는 커다란 괴리가 존재한다. 이 차이의 원인으로는 두 가지가 있다.

(1) 자산의 시가 평가와 장부가 평가의 차이

대차대조표의 자산·부채는 취득 시 가격에 일정한 회계 기준에 따라 수정을 가한 것으로 계상되어 있다. 전형적인 것이 설비 등의 감가상각으로, 이것은 내용연수에 따라 기계적으로 자산가치를 줄이는 회계상의 처리이다. 그 이외의 자산, 예컨대 보유 토지나 주식을 대차대조표에 계상할 때도 취득 시 가격이 기본이 된다. 즉, 이들 자산을 실제로 매각해서 얻을 수 있는 현금가치(시가)는 장부상 가격(장부가)과 다른 것이 오히려 당연하다.

(2) 대차대조표에 표현되지 않는 자산

회사에는 대차대조표에 숫자로 표현되지 않는 영업자산이 있다. 계약 관계나 특허와 같이 무형자산 중에 장부에 담을 수 없는 자산도 있고, 계속해서 사업을 영위하기 때문에 생겨나는 그 회사 고유의 가치 역시 대차대조표에 기재할 방법이 없다. 후자는 '영업권' 등으로 불리며, 그 내용에는 영업 노하우, 고객 관계, 직원 숙련도 등이 있다. 영어로는 이를 총칭하여 Goodwill이라 부른다.

이 두 가치를 산정하여 대차대조표에 반영하면 [3.4]처럼 된다.

앞서 설명한 장부가와 시가의 차액 문제는 2001년도부터 '시가회계'를 도입했기 때문에 상당 부분 해소될 것으로 생각한다. 이로 인해 [3.4]의 X부분이 명확해진다면 주식의 시가총액과 시가 순자산의 격차인 Y가 이른바 영업권 가치로, 역산으로 구해질 수 있다.

브랜드 가치의 산정

- 세계적인 ○○○라는 브랜드 네임은 오랜 세월 쌓아올린 것으로 무엇과도 바꿀 수 없는 가치가 있다.
- 우리 회사는 사원의 채용과 교육에 커다란 에너지를 쏟아 붓고 있다. 이런 인재의 질은 대차대조표에 나타나지 않는 자산이다.

자주 듣는 코멘트이다. 그런데 이것을 금액으로 환산한다면 얼마일지 물을 경우 '그것은 불가능하다'고 답하는 것이 보통이다.

그러나 상장회사라면 시장이 이 가치를 이미 평가해주고 있다. 주식의 시가총액에서 시가로 환산한 실물자산을 빼는 방식으로 역산해보면, 그 잔액(Y)이 '브랜드' '영업권'의 가치를 금액으로 환산한 것이다. 물론 이것은 지적재산권, 브랜드, 인재의 질, 노하우, 경영자의 자질 등

3. 4 모든 가치를 반영한 대차대조표

영업자산 (A)	영업부채 (B)			
	순부채 (D−C)			
	자본 (E)	장부가 순자산	시가 순자산	기업총가치
시가평가 환산에 의한 평가손익(X)				
브랜드 (Y)			시가총액 =회사 가치	

다양한 가치를 하나로 뭉뚱그린 총액이긴 하지만.

그렇다면 시장은 어떠한 근거나 척도로 '브랜드' '사원의 질'을 수치화하는 것일까? 기초편에서 설명한 투자 가치 산정의 기본이 다시 등장한다.

황금알 낳는 거위 이야기를 떠올려보자. 시장이 정하는 가치는 투자 가치이며, 그것은 장차 얼마만큼의 이익 · 현금흐름을 가져오느냐에 따라 결정된다. 브랜드 네임의 투자 가치는 어디에 있을까? 같은 설비를 이용하여 같은 비용으로 생산한 제품이 브랜드 네임 덕분에 보다 높은 가격에 팔 수 있거나 많이 팔 수 있으면 비로소 브랜드에 투자 가치가 발생한다. 사원의 질도 마찬가지 개념이다. 사원에 따라 같은 설비를 이용해도 불량품이 줄어 비용이 낮아질 수 있다. 자유로운 회사 문화 덕분에 획기적인 신상품이나 히트 상품이 탄생하기도 한다. 이러한 차이는 보통 평범한 회사에 비해 수익력의 차이, 즉 미래 현금흐름이 보다 많아짐으로써 현재가치라는 형태로 기업 가치에 반영된다.

거꾸로 말해, 수익력의 차이로 되돌아오지 않는 무형자산에 대해서 시장은 가치를 매기지 않는다. 아무리 광고 홍보 투자를 해서 브랜드 인지도를 올려도 그것이 광고 홍보비를 웃도는 매출 증가, 이익 증가에 기여하지 않는 이상 그 브랜드에는 가치가 없다. 오히려 지명도를 유지하기 위해 필요한 광고 홍보비만큼 마이너스의 가치가 된다. 사원에 관해서도 임금을 지불하고 공간과 장비를 제공하고 교육을 시키는 것이므로 마찬가지다. '우수한 인재'의 경우도 그 인재에 들어간 투자를 웃도는 이익을 낳음은 물론, 다른 회사에서는 창출할 수 없을 정도의 이익을 내는 능력을 수치화할 수 있을 때 비로소 그 회사 고유의 가치로 시장에서 평가받는다.

점점 증대하는 **브랜드 가치**의 **중요성**

실제로 회사의 시가총액에서 이러한 브랜드 가치가 차지하는 비율은 상당히 높다. 시가총액이 순자산의 두 배라면, 회사 가치의 절반은 이러한 무형자산이 형성하고 있는 것이다. 나중에 자세히 분석할 세븐일레븐의 경우 이 배율이 8배, 야후의 경우 20배 이상이나 된다. 미국에서도 과거에는 회사 가치의 20% 정도가 브랜드 가치였던 것이 최근에는 80%를 차지하고 있다는 분석도 있다. 회사 가치의 원천이 '어떤 공장이나 설비, 점포를 갖고 있는가'라는 하드 자산에서 '높은 수익력을 창출하는 브랜드, 상품 개발력, 생산성 향상 능력이 있는가'라는 소프트 자산으로 급속히 옮겨가고 있는 것이 현실이다.

이는 시가총액을 기초로 하여 숫자로 뒷받침할 수도 있다. 시가총액(회사 가치)과 회계상 순자산가치의 차이가 이 정도까지 커지면 회사나 그 상품이 갖는 '신뢰성'이나 '브랜드'가 얼마나 중요하며, 또 엄격히 관리해야 할 자산인지를 잘 알 수 있다. 같은 품질, 같은 비용으로 생산된 것이 오직 특정 브랜드가 붙음으로써 높은 가격이 매겨진다면, 그것은 회사 가치 원천의 중요 부분으로서 주식시장에서 평가받는다. 가격에 이익 마진을 더하는 것이 소비자에게 받아들여지기까지, 또 장기적이고 안정적인 판매점 관계가 가치로 인정받기까지 오랜 기간에 걸쳐 신용을 쌓아가지 않으면 안 된다.

그러나 이런 가치는 무형이기 때문에 견고하지 못하여 조금만 긴장을 늦춰도 눈 깜짝할 새 소멸된다. 때로는 없어지고 마는 것이 아니라 그 브랜드가 붙어 있음으로 인해 매출이 떨어지는 역효과까지 불러일으킨다. 큰 숫자에 마이너스 1을 곱하는 것만으로 큰 마이너스 숫자가 되는 것처럼 이런 역효과는 회사 가치에 치명상이 될 수 있다.

이것이 머리말에서 언급했던, 전통 우량 기업의 시가총액이 왜 어떤 사건 하나로 급락하는가, 라는 의문에 대한 하나의 대답이다. 식품회사가 식중독 사건을 일으키고, 타이어 제조회사가 상품 결함으로 문제가 된 사건으로 인해 회사의 주가가 단기간에 반 토막 나는 이유가 여기에 있다. 특히 시가총액과 시가 순자산의 차액(Y)이 큰 회사일수록 그 타격은 심각하다. 2000년 여름에 있었던 유키지루시유업과 브리지스톤의 사례를 구체적으로 검토해보자.

브랜드 실추 사고의 타격

2000년 6월말, 유키지루시유업이 오사카공장에서 생산한 유제품으로 인해 집단 식중독이 발생하는 사건이 일어났다. 1만 4,000명이 넘는 발병자를 낸 이 사건으로 인해 유키지루시유업의 브랜드 이미지는 크게 상처 입었다.

사건 발생 전후의 주가는 6월 27일 최고치 619엔을 기록한 후 급락하여 7월 12일에는 최저치인 371엔을 기록했다. 하락률은 40%였다.

그 사이에 회사 가격으로서의 시가총액은 마찬가지로 40% 하락한 셈이다. 불과 1개월이 안 되는 사이에 약 800억엔의 '회사 가치'가 날아가버린 것이다.

지금까지 설명한 대차대조표의 그림을 사용하여 자산가치의 어떤 부분이 어떻게 감소하였는지를 간단히 도식화해보면 [3.5]와 같이 된다.

그동안 공장이 없어진 것도 아니고 거액의 부채를 끌어안은 것도 아니므로 대차대조표에 올라있는 회사의 자산, 부채에는 변화가 없다고 생각하자.

유키지루시유업의 2000년 9월말의 연결순자산은 860억엔이다. 그리고 6월 27일의 시가총액은 2,007억엔이다. 즉, 1,147억엔(2,007 – 860)이 브랜드, 판매 네트워크 등 무형의 운영 자산가치였다고 생각할 수 있다. (토지나 유가증권의 평가익 등도 있을 테지만 여기서는 상세 분석은 하지 않는다.)

7월 12일의 최저치를 근거로 시가총액을 계산하면 1,203억엔이다.

이 시점에서의 무형자산 가치는 343억엔(1,203 − 860)이다. 즉, 유키지루시유업이 보유하고 있었던 무형의 영업자산 가치는 이 사건으로 인해 그 70%가 사라졌다는 계산이 된다. 2000년 9월 중간결산에서 이 회사는 식중독으로 인한 제품의 폐기손으로서 실손으로 209억엔의 특별손실을 계상하고 있다. 그렇다고 하면 브랜드 가치 등의 하락은 차액인 약 600억엔가량이라고 생각할 수 있다.

3. 5 사건 발생 전후의 회사 가치 변화 : 유키지루시유업(주)

(단위 : 억엔)

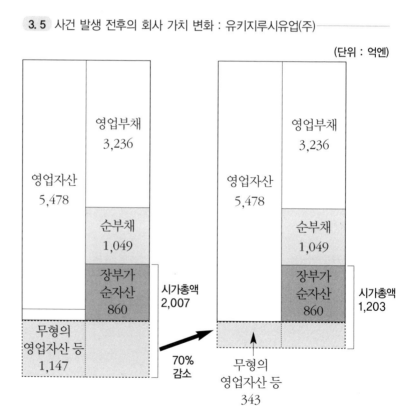

브리지스톤에 대해서도 계산을 해보자.

미국 자회사 파이어스톤에서 만든 타이어 결함이 문제가 된 8월 초순을 경계로 브리지스톤 의 주가는 약 1개월 만에 최고치 2,560엔에서 최저치 1,067엔으로 하락했다. 하락률은 58%였다. 시가총액으로 보면 1조 2,000억엔 이상이 사라졌다.

자회사 파이어스톤을 포함한 연결 기준으로 장부가 순자산과의 차액을 보면 다음과 같다.

    최고치   22,048 − 7,579 = 14,469억엔
    최저치   9,189 − 7,579 = 1,610억엔

브리지스톤의 연결재무제표에 올라있지 않은 무형의 영업자산 등의 가치는 약 1개월 만에 90% 가까이 날아가버린 셈이다. [3.6]

2000년 12월기의 결산에서 브리지스톤은 파이어스톤의 리콜 비용 4억 달러에 더하여 소송비용으로 3.5억 달러, 합계 7.5억 달러(약 800억엔)를 특별손실로 계상하였다고 보도되었다. 그런데 손실로 실제 사라진 이 금액은 시가총액 감소액 1조 2,000억엔의 극히 일부에 불과하다. 미국에서의 보상 금액이 보다 늘어나고 미국에서의 시장점유율을 잃는 것 등으로 인한 미래 현금흐름 감소 총액의 현재가치 상당분이 이만큼의 금액에 달한다고 해야 할까. 브리지스톤이라는 브랜드 가치에 미친 손실은 이루 헤아릴 수 없다. 물론 그 이후의 주식시장 침체 영향도 있

겠지만 이 주가(=시가총액) 수준은 현재도 회복되지 않고 있다.

오랜 세월 쌓아올렸을 가치가 오히려 회사 가치의 발목을 잡는 요인으로 한순간에 변한다는 것은 투자자 주주 입장에서 용납할 수 없는 실책이다. 그것을 잘 알고 있기 때문인지 이러한 사건, 사고가 일어나면 회사 최고경영자의 사임으로 이어지는 일이 많다.

서구의 회사와 사업이나 라이선스 계약 교섭을 해본 적이 있는 사람이라면 경험했겠지만, 회사의 로고 위치나 크기 색깔에 지나칠 정도로 신경을 쓰는 경영자나 마케팅 담당자가 많다. 예전에는 나조차 '너무 편집증적인 것 아닌가?' 하고 차가운 눈으로 그들을 대했다. 그러나 이것은 브랜드라는 것이 '구축하는 데는 오랜 기간의 투자를 요하고 회수하기까지 많은 시간이 걸림에도 불구하고 조금만 긴장을 늦추면 모든 것이 수포로 돌아간다. 뿐만 아니라 회사 가치에 치명적인 타격을 입힌다'는 것을 잘 인식하고 있다는 표시임을 최근 들어 겨우 이해하고, 스스로의 경박함을 반성하는 중이다.

브랜드 가치나 영업권은 '초과수익력'이라고도 불린다. 이 단어는 같은 자산을 쓰면서도 신참 기업보다 높은 수익(현금흐름)을 창출하는 힘을 의미하며, 미래 현금흐름의 현재가치로서의 기업 가치와 연결지어 생각하기도 쉽다. 그래서 나는 미래를 향한 힘을 느끼게 하는 이 용어를 개인적으로 더 좋아한다.

3. 6 사건 발생 후 회사 가치의 변화 : 브리지스톤

(단위 : 억엔)

영업자산 18,175	영업부채 8,586
	순부채 2,010
	장부가 순자산 7,579

89%
감소

영업자산 18,175	영업부채 8,586
	순부채 2,010
	장부가 순자산 7,579

시가총액
9,189

무형의
영업자산 등
14,469

시가총액
22,048

무형의
영업자산 등
1,610

기초편의
정리

지금까지 현실 비즈니스 세계에서 어떻게 회사의 가격이 결정되는지 해명하기 위해 필요하다고 여겨지는 최소한의 도구를 정리하여 설명했다. 이것들은 지식으로 외워서 사용하는 '노하우(know-how)'라기보다는 다양한 국면에 응용할 수 있는 관점, 사고방식으로서의 '노와이(know-why)'라고 불러야 할지 모르겠다. 여기서는 지금까지 설명해온 것들이 어째서 중요한가, 세상의 다양한 활동과 어떻게 연관되어 있는가, 라는 관점에서 다시 정리해볼 것이다.

공통 언어로 이해한다는 것

기업 가치는 PV = C / (r − g)로 산출할 수 있다는 설명에 대해서 '숫자나 수식으로 간단히 치환할 수 없는 것을 무리하게 적용하고 있으며, 이론적으로는 맞아도 실제 도움이 되지는 않는다'는 생각을 가진 독자도 있을 것이다.

그 점에 관하여 내가 전하고 싶은 메시지는 다음 두 가지이다.

첫째, 복잡한 요인이 뒤얽혀 있는 현실 세계는 단순화된 이론을 하나하나 쌓아올려가지 않으면 이해할 방법이 없다. '세상일은 그렇게 간단히 결론 내릴 수 있는 게 아냐'로 끝나버리면, 결국 맞는 이야기일지 모르겠지만 남들을 설득할 수는 없다. 앞에서 설명한 대로 영미권의 사람들은 매사에 단순하게 매듭지어 이야기를 잘하는 면이 있다. 정확하지 않다는 것을 알면서도 일단 '그럴듯한' 숫자를 넣어서 논의를 진행하는 광경을 나는 여러 차례 목격했다.

두 번째는 이것들이 서구 경영대학원 졸업생들에게 상식으로 통하는, 투자 가치를 측량하는 기본 틀이라는 것이다. 그것이 중요한 이유는 주가란 '시장'이 만드는 것이며 시장은 현실적으로 기관투자가, 펀드매니저가 움직이고 있고, 그들은 모두 이 틀을 배우고 있기 때문이다. '글로벌 스탠더드'라는 이름 아래 그들의 사고와 기법이 무차별하게 유입되는 시대에 투자 판단에 있어 공통된 방법을 이해하지 못한다면 그들과 원활한 커뮤니케이션을 할 수 없다.

투자 가치로서의 회사 가격은 황금알을 낳는 거위와 마찬가지로 살집이 좋으냐 때깔이 좋으냐가 아니라 장차 얼마만큼의 금전적 이익을 낳는가, 이 하나로 압축되어 정해진다. 그리고 미래의 금전적 이익을 현재의 가치로 치환하는 방법으로 할인율로 미래 현금흐름을 나누는 방법이 '공용어'로 사용되고 있다. 그리고 그 방법에서 중요한 역할을 하는 '리스크'나 '기대'라는 단어에도 파이낸스 세계 특유의 의미가 있다. 글로벌 경제 환경 하에서 사업을 전개함에 있어 이러한 부분을 제대로 이해하여 그 의미하는 바를 정확히 알고 대화를 진행하는 것이 점점 더 필요해지고 있다.

왜 지금 **기업 가치**인가

회사에 가격을 매기는 이유는 회사를 투자 가치로서 매매 대상으로 삼음으로써 창고에 잠자고 있는 부를 사회 속에서 부가가치를 창출하는 활동을 통해 혈액처럼 순환시키기 위해서이다.

따라서 '기업 가치'라는 키워드는 자본주의 경제 시스템에서 비즈니스상의 중요한 공통 언어가 된다.

세상은 언제나 한 치 앞도 볼 수 없다. 그런 가운데 사업을 시작하여 성공하기 위해서는 리스크가 수반될 수밖에 없다. 그렇다고 위험하니까 피하자는 의미는 아니다. '하이 리스크 하이 리턴'이라는 말처럼 큰 성공을 지향하는 자에게는 큰 리스크가 수반된다. 거기에 용감히 도전하는 자들 가운데서 노력과 재능, 운에 따라 극히 일부가 성공을 거둔다. 그러한 극히 일부의 성공이 사회에 혁신을 가져오고 사람들의 생활을 풍요롭게 하며 경제 성장을 가져온다. 이것이 20세기 비약적 경제 발전의 원동력이 된 것은 분명하다. 그리고 그러한 기업가들의 야망을 지지하는 투자자들에 의해 리스크가 수반된 자금을 조달할 수 있는 주식회사라는 시스템이 완성되고 발전해왔다. 그러한 투자자 층을 넓힘으로써 공개 주식시장은 큰 역할을 해왔다. 적어도 자본주의의 화신인 미국에서는 그랬다. 그렇기 때문에 리스크를 수반하는 주식시장은 리스크를 지지 않는 국채시장보다 6~7% 높은 수익률을 '주식시장 프리미엄'으로 실현해온 것이다.

전후 일본에서는 산업 육성을 위해 자금이 정책적으로 은행에 집중되었다가 국책에 따라 투자 배분되어온 역사가 있다. 때문에 주식시장 본래의 역할인 리스크 자본 조달의 장이라는 생각은 미국만큼 뿌리내리지 못했다. 경영권 안정을 도모하기 위해 주거래은행이 기업의 주식을 보유하는 주식 보합과도 맞물려 일본 주식시장은 바닥이 얕고 투기적 성격 짙은 '도박판'이라는 편견에 시달려왔다고 해도 과언이 아니다. 주가가 상승하면 대중은 유행처럼 그때마다 뒤늦게 참가하여 그간 착실히 모아둔 소중한 자금으로 상투를 잡고 손실을 본다. 이러한 과정이 몇 차례 반복되면서 '초보가 주식에 손을 대면 별 볼일 없다'는 선입관이 길러진 것도 어쩔 수 없는 측면이 있었다.

그럼에도 일본 주식시장은 1970년 이후 국채보다 5% 높은 수익률을 실현하고 있다. 최근 10년을 보면 버블 붕괴의 뒤처리에 시달려 침체된 상태여서 실감하기 어렵지만, 일본 주식시장이 장기적으로는 국채보다도 높은 수익률을 달성하고 있다는 사실에서 용기를 얻을 수 있다. 일본에서는 '이왕 기댈 바엔 큰 나무 밑이 안전하다' '리스크보다 장기 안정이다' 등의 생각을 선호하는 인상을 받기 쉬운데, 리스크를 부담한 주식 투자자가 정당히 보상받아왔다는 과거의 사실이 더욱 널리 인식되어야 할 것이다.

주식시장이 사회 혁신의 싹을 기르는 역할을 담당하는 것을 투자자들은 더욱 기대해야 한다. 단순한 유행이나 열기 때문에 주가는 단기적으로 변동하지만 그 속에서 투기꾼처럼 매매하여 돈을 벌려고 하는 발상에서 탈피해야 할 시기에 이르렀다. 고도 경제 성장이 끝나고 국책으로 산업을 선도하는 일도, 과거처럼 은행에 장기 안정 자금을 기대하는 것도 어려워진 일본에서 주식시장이 성장 혁신의 견인차가 될 시대가 드디어 이른 것이다. 그렇기 때문에 '회사의 가격은 어떻게 정해지는 가'는 이 시점에서 매우 중요한 문제 제기가 된다.

회사의 가격이 투자 가치로서의 가격임을 이해하면 그 가격을 정하는 요인을 분해하여 검토할 수 있다. 이것이 경영대학원에서 가르치는 파이낸스 과목의 기초이다. 이 책에서는 핵심 부분만을 대략적으로 설명하였다. 기업 가치는 PV = C / (r − g)의 공식에서 ① 수익력(현금흐름) ② 안정성(리스크) ③ 성장성의 3요인으로 정해진다는 것을 도출했다. 나아가 회사 고유의 리스크를 산정하기 위해 무위험이자율, 주식시장 프리미엄, 베타라는 수치를 시장에서 찾는 방법을 설명했다. 이것들이 바로 기업 가치 산정의 기본 도구들이다.

무차입 경영, 평가익 경영의 본질 – 대차대조표와 회사의 가격

주식회사라는 제도는 원래 리스크가 크고 많은 자금을 필요로 하는 사업을 위해 생긴 것이다. 그 사업이 성공하여 수익을 내면 그 수익을 리스크 자금 제공자(=주주)에게 나눠준다. 이것이 주식회사 제도의 원리 원칙이다.

그런데 실제 미래 현금흐름의 현재가치로서의 기업 가치는 주주지분의 가격인 회사의 가격(주식 시가총액)과 일치하지 않는다. 그것은 회사의 가격이 미래의 기대뿐 아니라 그 회사가 현재까지 축적한 자산(또는 변제해야 할 부채)까지 포함하여 정해지기 때문이다. 기업 가치로부터 실제 회사의 가격을 산출하기 위해서는 대차대조표를 보고 과거 축적 부분을 조정하지 않으면 안 된다. 그 축적 부분은 단순히 말하면 순부채(차입금-잉여자산)로 파악되며, 회사의 가격은 기업 가치(업계 용어로는 기업총가치)에서 순부채를 뺀 것이 된다.

기업 가치와 회사 가격 사이의 갭은 특히 일본 회사에서 현저하게 나타난다. 그 큰 원인은 일본 회사가 전후 은행에서 빌려온 차입금으로 사업자금을 조달하면서 이익은 배당하지 않고 만일의 사태에 대비하여 회사 내에 부를 비축하는 경향이 있기 때문이라고 할 수 있다.

그 미덕은 많은 일본인의 가치관에 맞는 것 같다. 일본에서는 무차입 회사나 토지, 유가증권을 많이 보유하여 평가익이 큰 회사를 우량 회사라고 한다. 학생들이 취업을 할 때도 이들 회사가 안정성이 높다는 이유로 인기를 누린다. 최근에는 평가익도 가치 절하되어 자칫하면 평가손이 되기도 하므로 옛날만큼은 아니지만 대차대조표에 잉여 자산을 많이 보유하고 차입금이 적은 회사가 좋은 회사라는 생각은 뿌리 깊다.

주주 입장에서 이러한 회사는 지극히 비효율적인 경영을 한다고 할 수 있다. 미국에서는 주주에게 배당으로 돌려주어야 할 현금을 회사에 쓸데없이 끌어안고 있다면 경영자가 주주총회에서 노골적으로 비난받거나, 그 회사가 매수의 표적이 되기도 한다. (이 점에 관해서는 '제6장 3. 지렛대 원리에 따른 투자 수익률 향상'에서 자세히 설명한다.)

이 점에 관해서는 일본과 미국의 경영사상 차이라는 관점에서 제8

장 이하에서도 검토할 것이지만, 아래에서 설명하는 요점을 지금부터 주가 산정·M&A 실무에 관해 읽어나갈 때의 관점으로서 마음에 담아 두기 바란다.

일본식으로 안정을 우선하는 기업 경영 스타일은 장기적 비전에 기초한 투자가 지속적으로 가능하다는 이점이 있다. 뒤집어 말하면, 압력이 적은 경영이므로 경영진의 인격, 식견이 웬만큼 투철하지 않으면 방만 경영으로 흐르기 쉽다. 또 변화에 기민하게 대응하기 어렵다.

미국식의 경우, 주주이익 극대화라는 의미에서의 자금 효율은 좋을 것이다. 주주가 그러한 관점에서 항상 압력을 넣는 것은 방만 경영을 감시하는 의미에서는 필요하다. 그러나 이 경우 주주의 인격, 식견이 투철하지 않으면 경영의 축이 단기적인 이익 추구에 휘둘리기 쉽다.

미래가 어떻게 될지는 알 수 없다. 그 불확실성이라는 리스크를 수치화하기 위한 공통의 기준을 정하고 그 기준에 따라 각자가 심사숙고하여 투자한다. 그 매매 공간인 시장을 들여다보며 거기에서 암묵적으로 공유되고 있는 요소를 분석하는 애널리스트라는 전문가도 있다

실무 응용편에서는 그러한 애널리스트들이 활약하는 주식시장에서 회사의 가격이 어떻게 정해져가는지 프로세스를 검토한다. 그런 다음 M&A라는 회사 전체의 매매에 있어서는 프로세스가 어디가 같고 어디가 다른지를 검토한다. 그리고 마지막으로 M&A라는 활동이 자본주의 사회에서 새로운 가치를 창출하는 일에 어떻게 이어질 수 있는가에 관하여 고찰할 것이다.

ValuatioN

응용편

주가 산정과 M&A 실무

04

제4장

회사 가격 결정의
실제 1―시장에 의한 평가

◀◀◀

회사의 내용을 잘 연구한 사람이 시장에서 막연히 주식을 매매하고 있는 사람들과는 다른 적정 가치를 발견하는 일이 많다. 자기가 생각하는 적정 가치에 시장이 한발 늦게 따라올 경우 우리는 주식으로 돈을 벌 수 있다. 이것이 주식 투자의 진수라 할 것이다. 주식 투자로 돈 버는 방법에 관해서는 책을 읽고 습득하는 데 한계가 있으므로 '주식 투자의 ABC' 같은 투자법에 관해서는 다루지 않겠다. 또한 기업 가치 평가의 방법으로 일반적으로 이야기되는 내용과 용어에 관해서는 책 마지막 용어집 'Valuation 관련'에 간단히 정리해두었다.

이제 '회사의 가격'이 어떻게 산정되는지, 그 실전론에 들어갈 것이다. 여기서부터가 밸류에이션Valuation의 본론이라 할 수 있다.

본론에 앞서 다시 한 번 투자 가치의 산정 포인트가 되는 개념들을 참고 삼아 정리해보자.

- 회사의 가격은, 상장 기업의 경우 주식의 시가총액이라고 생각할 수 있다. 그것을 발행 주식 총수로 나눈 것이 주가이다.
- 회사의 가격은 기업 가치(기업총가치) - 순부채다.
- 기업 가치는 회사가 미래에 창출할 현금흐름의 현재가치다.
- 미래 현금흐름의 현재가치는 그 회사가 현재 창출하고 있는 수익력, 안정성, 성장성의 3요인으로 결정된다. (PV = C / (r - g) 정의식)
- 회사의 안정성은 원금과 확정이자율을 국가가 보증하는 국채에 비하여 얼마만큼 리스크가 큰지를 수치화하는 할인율 형

> 태로 표현할 수 있다.
>
> • PER, 즉 '당기이익의 몇 배인가'라는 지표는 국내외에서 주
> 가 산정에 널리 사용되고 있다. 이것은 '이익을 할인율로 나
> 눈다(PV = C / r)'라는 영속가치의 정의식을 뒤집어 표현한
> 것으로 원리는 똑같다.

기업 가치 산정에 필요한 도구는 결국 이 정도가 전부라고 해도 무리가 없다. 그러나 실제로 투자 판단을 하거나 가격 협상을 할 경우 한 가지 더 필요한 요소가 있다. 그것은

가격은 결국 시장이 정하는 것이므로 절대적인 기업 가치라는 것은 존재하지 않는다

라는 개념을 갖는 것이다.

회사의 적정 가격이 객관적으로 하나라고 하면 주가는 정해지지 않는다. 현재 주가가 적정 가격보다 비싸다고 생각하는 사람은 '지금이 팔 때'라고 생각하고, 현재 주가가 적정 가격보다 싸다고 생각하는 사람이 '지금이 살 때'라고 생각한다. 적정 가격이 사람에 따라 다르기 때문에 비로소 시장이 성립하는 것이다.

주식을 상장한 회사라면 많은 투자자가 자유롭게 참가하여 주식을 거래한다. 그 수요와 공급이 일치하는 위치에서 주가가 결정된다. 그리

고 그 주가에 발행주식 총수를 곱한 시가총액을 회사 가치라고 한다.

그럼에도 그 가격이 '적정한가' 여부는 검토의 여지가 있다. 회사의 내용을 잘 연구한 사람이 시장에서 막연히 주식을 매매하고 있는 사람들과는 다른 적정 가치를 발견하는 일이 많다. 자기가 생각하는 적정 가치에 시장이 한발 늦게 따라올 경우 우리는 주식으로 돈을 벌 수 있다. 이것이 주식 투자의 진수라 할 것이다.

주식 투자로 돈 버는 방법에 관해서는 책을 읽고 습득하는 데 한계가 있으므로 '주식 투자의 ABC' 같은 투자법에 관해서는 다루지 않겠다. 또한 기업 가치 평가 방법으로 일반적으로 이야기되는 내용과 용어에 관해서는 책 마지막 용어집 '밸류에이션 관련'에 간단히 정리해두었다. 본론에서는 자신의 판단, 주관을 전개하기 위한 골조(프레임워크)에 관해서 설명해가기로 한다.

▶ 1. 비슷한 회사와의 비교
– 애널리스트의 왕도

비슷한 회사는 **가격도 같을까**

A라는 상장회사의 현재 주가가 적정한 수준에 있는지, 비싼지 싼지를 판단하는 방법으로 흔히 떠오르는 것은 '다른 비슷한 회사와 비교'하는 방법일 것이다. 이것은 펀드매니저나 애널리스트들도 사용하는 방법으로, 너무도 당연한 길이지만 그것이 곧 왕도이기도 하다.

왜 그럴까? 세상의 투자자들은 수많은 회사 가운데서 'A사의 주식을 매매할까, 다른 회사 주식을 매매할까'를 항상 비교 검토하여 결정한다. 다른 비슷한 회사의 주가 수준은 A사의 적정한 주가를 '시장의 거울'로 비추어줄 것이기 때문이다.

회사의 오너나 경영자가 '우리 회사의 주가는 더 높아야 마땅하다. 다들 우리 회사의 미래성을 너무 모른다'며 초조해하는 광경을 자주 보게 되는데, 시장의 눈은 더욱 쿨하고 건조하다는 것을 명심하는 편이 좋다. 아무리 그럴싸한 미래 계획을 설명하고 자사의 가능성에 대하여 역설해도 하늘의 별만큼 많은 회사를 비교하면서 그런 장밋빛 이야기를 수없이 들어온 투자자들로서는 바로 와닿는 내용이 아니면 별 의미가 없다. 투자수익을 올리는 일이 직업인 기관투자가들이나 그들에게 매매를 위한 정보를 제공하는 증권 애널리스트들은 정치한 분석을 통해 선수를 칠 수 있는 종목을 찾지만, 한편으로 '시장을 무리하게 일정 방향으로 끌고 갈 수는 없다. 설령 그렇게 되더라도 오래가지 않는다'는 것을 잘 알고 있다. 오너나 경영자가 열변을 토하면 토할수록 '그렇게 생각하면 본인이 더 사면 되지 않습니까? 더 올라야 한다고 하면서도 막상 오르면 자기 주식을 팔아 차익을 챙기고 싶은 것이 본심 아닙니까?' 하는 비웃음만 사게 된다.

자기 회사의 주가가 부당하게 낮다고 생각한다면 그 이유는 되도록 객관적으로 설명해야 한다. 많은 사람을 납득시키려면 시장 자체에서 근거를 찾는 것보다 더 좋은 방법은 없다. '다른 비슷한 회사의 이익 수준, 안정성, 성장성에서 도출된 주가와 비교해서 우리 회사의 안정성, 성장성에 대한 평가로서의 주가는 왜 이럴까' 하고 애널리스트나 기관투자가들에게 역으로 질문하는 편이 훨씬 설득력이 있다.

A사 주가의 적정 수준을 검증하려면 다른 비슷한 회사와 비교하는 것이 제일이다. 주식을 공개하지 않은 회사의 가격을 산출하는 경우에도 마찬가지다. 이 방법으로 주가, 회사 가치를 평가할 때의 포인트는 다음과 같다

무엇을 보고 비교 대상으로 삼을 비슷한 회사라 판단할 수 있는가? 그리고 그 회사와 어떤 지표를 놓고 비교하는가?

시장에서 읽어내야 할 정보와 그 분석의 열쇠는 위 두 가지로 압축된다 해도 과언이 아니다. 그리고 비슷한 회사나 비교 지표를 선택하는 방법에 따라 산출되는 적정 가치는 달라진다. 이 점을 상세히 검토해보자.

비슷하다는 **기준**

'자기 회사와 비슷한 회사는?' 이라고 하면 같은 업종에 있는 회사를 떠올리는 것이 상식일 것이다. 자동차업종, 식품업종, 금융업종……. 보통 증권회사나 투자은행의 애널리스트들도 이런 식으로 조사 분야를 나누어 담당한다. 그러나 어떤 경우에나 기계적으로 같은 업종의 회사 몇 개를 골라서 그 평균치를 내면 되는 것은 아니다.

다시 한 번 주가 결정의 기본식, $PV = C / (r - g)$로 돌아가보자. 주식의 가격은 그 투자 가치(즉, 미래에 얼마만큼의 금전적 이익을 가져오는가)에 따라 결정되며, 살집이나 때깔은 관계없다고 했다. 그렇다면 C(=창출하는 현금의 절대액), r(=안정성), g(=성장성)의 패턴이 비슷한 회사야말로 같은 수준의 기업 가치를 갖는 비교 대상이라 할 수 있다.

같은 업종 회사와의 비교에도 정당성은 분명히 있다. 같은 업종이라면 시장의 성장성 면에서 같은 기반을 공유한다. 수익구조도 비슷할 것이고, 따라서 외부 환경의 영향을 받는 방식이나 수익의 안정성도 비슷하다고 생각할 수 있다. 예컨대 화학 업계의 경우 원유 가격이나 세계 전체 생산능력의 공급 과잉 여부에 따라 제품 판매가격이 일률적으로 결정되는 경향이 있다. 시멘트 업계라면 공공투자 예산의 증감에 따라 큰 영향을 받을 것이다.

그러면서도 업계 1위 회사와 5위 회사는 규모가 다르기 때문에 이익이나 현금흐름의 절대액이 당연히 다르다. 만일 그 업계가 과점의 방향으로 향하고 있다면 점유율 1위 회사와 5위 회사의 안정성(r)이나 성장성(g)도 전혀 달라진다. 그러한 경우는 오히려 과점이 진행되는 다른 업계 5위 회사와 비교하는 편이 나을지도 모른다.

만일 그 회사의 사업구조가 중국에서 생산하여 미국에 수출하는 비율이 높은 구조라면 업종에 구애받지 않고 비슷한 생산과 판매 패턴을 갖는 회사와 비교하는 편이 현실적일지 모른다. 왜냐하면 두 회사 모두 환율에 따라 수익이 크게 달라지기 때문이다.

이동통신회사는 사용자층의 확산 양상이나 미디어와의 융합 가능성, 기기의 가격 하락 추세 등이 미래 성장의 열쇠라고 한다. 그렇다면 통신 업계의 회사가 아니라 가정용 게임기 회사 중에 비슷한 회사가 있을지도 모른다.

증권회사 중에는 '소형성장주'라는 애널리스트 담당 분야를 따로

두고 있는 곳도 있다. 회사의 성장성이나 소규모 회사의 특징인 미래 불안정성 등에 특히 주목하여 분석하겠다는 발상이다.

▶ 2. 비교 기준 – 평가에 도움이 되는 **재무제표 읽는 방법**

비교 대상으로서의 '비슷한 회사'를 골랐다고 하고, 회사의 적정 가치를 산출하기 위해 그들 회사의 데이터로부터 어떠한 지표를 산출하여 비교하면 좋을까? 가장 일반적인 것은 시장에서 이미 매겨져 있는 비슷한 상장회사의 가격에 대한 배율multiple이라는 지표이다.

'몇 배인가'의 관점은, 영구채권의 현재가치 정의식인 {PV = C / r} 에서 할인율을 몇 %로 하여 나눌 것인가, 와 같은 것으로 미래 수익의 현재가치로서의 회사 가격과 같은 루트를 갖고 있다는 것은 이미 설명하였다. PV(현재가치로서의 기업 가치)는 시장에서 시가총액이라는 형태로 산정되어 있는 것에 순부채 조정을 가함으로써 계산할 수 있다. 할인율 r의 역수인 배율을 산정하기 위해서는 이제 C를 정하면 된다.

회사의 어떤 숫자를 C로 삼는가 하는 문제는 간단한 듯하지만 논의를 시작하면 끝이 나지 않는 문제이다. 기업 가치를 적정하게 산정하기 위해 걸맞은 C의 숫자를 회사 재무제표 어디에서 어떻게 찾으면 될까? 이 문제에 답하기 위해 회사 수익력 확인 방법이나 현금흐름 산정 방법에 관해 많은 연구가 행해지고 있고 책도 많이 나왔다. 그러나 아무리 학술적으로 타당한 C를 정의해도 시장에 참여하는 투자자가 그것을 사용하여 주식을 매매하지 않는다면 주가나 회사 가치 평가 실무에는 그다지 도움 되지 않는다. 앞에서 설명한 바와 같이 시장에서의 가격 결정에 큰 영향을 주는 기관투자가들은 몇 천 개 회사의 시시각각 변하는 숫자를 뒤쫓으면서 매수 매도에 관한 판단을 한다. 어느 한 회사의 C를 확인하기 위해 대량의 자료를 모아 분석하고 계산해야 한다면, 그것은 불가능하다. 그렇다면 어떻게 해야 할까? 비슷한 회사의 재무제표에서 비교적 간단히 도출되는 C와 관련 있는 수치를 열거해보고, 시가총액이나 기업총가치에 대한 그 배율이 같은 수준에 있는지 아니면 다른지를 비교하는 것이다. 주가나 기업 가치를 산정하기 위해 '재무제표를 읽는다'는 것은 이러한 작업을 가리킨다.

손익계산서와 현금흐름표의 구조

제3장에서 대차대조표 보는 방법을 간단히 설명했던 것처럼 우선 지표를 골라내기 위한 원 자료인 손익계산서와 현금흐름표의 구조를 되짚어보자.

[4.1]은 회사의 전형적인 손익계산서(Profit and Loss Statement, 약칭 PL)를 도해한 것이다. 손익계산서는 회사가 어떤 수입을 얻어 어떤 비

4. 1 손익계산서의 흐름

> △은 차감, ±는 가감 처리

매출액

△ 매출원가 : 제품을 만들기 위해 필요한 비용. 재료를 매입하고 노동력을 사용하고 생산을 위한 기계설비를 가동시키기 위한 비용 전체를 가리킨다.

매출총이익

△ 판매비 및 일반관리비 : 제품을 만들기 위해 필요한 판매경비(영업의 인건비, 운송비, 광고선전비 등)와 회사 관리상 필요한 경비(경리, 관리, 총무, 인사 등의 관리 부문의 비용, 본사 비용) 및 연구개발비가 여기에 포함된다.

영업이익(EBIT)

± 영업외손익 : 주로 금융비용(차입금의 금리)이다. 자산 운용 결과 얻어지는 이자, 배당금, 매각 수익도 여기에 포함된다.

경상이익

± 특별손익 : 일시적인 손실이나 이익. 영업자산을 매각했을 때의 손익이나 평가손익, 구조조정을 했을 경우 등에 그 연도에만 특별히 발생할 법한 손익

세전이익

△ 법인세 및 제세공과금 : 이익 중에서 정부나 지방자치체에 납부해야할 금액. 세효과회계를 채택하고 있는 회사에서는 실제로 지불하는 금액이 아니라 당기이익에 대응하는 세금액으로서 계상한다.

세후당기이익

용을 지불하고 그 결과 얼마의 이익을 올렸는가를 위에서 아래로 순서를 쫓아가며 설명하기 위한 자료라 할 수 있다. 그 속에서 아래와 같이 회사의 강점, 즉 수익력을 측량하는 지표가 담겨 있다.

- 매출액 : 이것이 그 회사의 힘을 나타낸다. 회사가 만드는 제품, 제공하는 서비스에 대해 고객이 그 가치를 인정하고 대가를 지불한 총액이다. 회사의 시장점유율은 그 회사의 강점, 안정성, 성장성을 점치는 지표로, 매출액을 기초로 산출된다.

- 매출총이익 : 매출액에서 매출원가를 뺀 것. 팔린 가격과 만드는 데 필요한 비용의 차액으로, 말하자면 '벌이' '마진'이 되는 셈이다. 물건을 제조하지 않고 서비스 제공으로 대가를 받는 사업에서는 매출 = 매출총이익이 되는 경우가 많다. 예컨대 매장을 통하여 물건을 판매하는 사업이라도 프랜차이즈 체인을 운영하는 회사의 경우 매출과 매입은 발생하지 않고 브랜드나 노하우의 대가인 로열티, 취급수수료 등이 매출로 계상된다. 같은 업종 비슷한 회사가 독립 매장을 운영하는 경우, 프랜차이즈 방식 회사의 매출액과 비교해야 할 것은 독립 출점 회사의 매출총이익이다.

- 영업이익 : 매출총이익에서 판매관리비 및 일반관리비를 뺀 것. 사업 운영을 통해 얻는 이익으로 차입금의 지급이자로 대표되는

금융수지는 포함되지 않는다. 따라서 회사의 재무 내용(잉여금이나 차입금의 유무)에 관계없이 얻어지는 이익이라 할 수 있다.

• 경상이익 : 영업이익에 금융수지를 가미한 것. '영업외수지'까지 가미되어 있는데, 무엇이 영업내이고 무엇이 영업외인가, 특별손익과의 구별은 어떻게 하는가 등이 언제나 명확한 것은 아니다. 미국의 재무제표에는 경상이익에 해당하는 항목을 찾아볼 수 없다. 금융 거래에서의 수익이 사업의 본업인 회사에서는 이것이 실질적인 '영업'이익이 되는 경우도 있을 것이다.

• 세전이익 : 경상이익에서 특별손익을 조정한 이익

• 세후당기이익 : 일시적인 이익이나 손실을 가미하고 내야 할 세금도 계상한 후 남는 이익. 주주가 '우리 것'이라 주장할 수 있는 이익이라고 할 수 있다.

현금흐름표는 최근 갑자기 주목받게 된 계산서이다. 2000년 3월기부터 연결 기준 현금흐름표 작성이 의무화되기도 하여 많은 참고 도서가 서점에 늘어서 있지만, 회계 지식이 없는 사람에게는 이해하기가 상당히 어렵다.

원래 현금흐름표가 필요한 이유는 손익계산서상의 '이익'과 실제로 회사에 남는 '현금' 간에 차이가 발생하기 때문이다. 본래 회사 '마진'은 현금으로 얼마가 수중에 남았는가가 중요했을 것이다. 그러나 회계제도 발달과 함께 어느 해 본래의 마진을 산정하기 위해서는 실제로 현금 입출을 수반하더라도 그 해 손익으로 전체를 계상하지 않거나, 반대로 현금 입출을 수반하지 않는데도 손익으로서 계상하는 조정 방법을 쓰는 것이 적절하다고 여겨지게 되었다. 전자의 대표적인 예로는 설비투자로 생산설비를 구입한 경우 그것을 자산으로 계상하여 그 해의 비용(손실)에는 반영시키지 않는 처리가 있으며, 후자의 예로는 그 생산설비를 내용연수에 맞춰 매년 비용화하는 감가상각이라는 처리가 있다. 그 생산설비가 10년간 가동되면서 계속해서 수익을 창출한다면, 설비를 구입한 해에만 큰 마이너스가 되고 나머지 9년간 큰 이익이 발생하는 것으로 처리하기보다는 10년간 균등히 비용이 발생하는 것으로 처리하는 쪽이 그 회사 매년의 수익력을 표현하기에 적정할 것이라는 사고방식에 따른 것이다.

그런데 이렇게 이익이나 손실 금액을 회계 처리에 의해 조정하면 오히려 회사 본래의 모습을 보기 어려워진다. 이익을 크게 보이게 하거나 손실을 뒤로 미루는 것으로 이어지는 점이 문제도 있었고, 회계 처리 결과 손익계산서상으로는 이익이 났는데 자금 조달 어려움으로 도산하는 사태도 발생하게 되었다. 자금을 조달하지 못하는 회사의 가격은 영(0)에 수렴해야 하는데, 손익계산서상 이익이 발생했고 그 숫자에 배율을 곱하여 회사 가치를 계산하면 그럴듯한 가격이 매겨진다. 이것이 손

4. 2 현금흐름표의 흐름

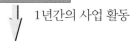

+는 가산, △는 감산, ±는 가감처리

기초의 현금잔고

1년간의 사업 활동

세전이익

+ 현금의 지출을 수반하지 않고 회계상 비용을 되돌림
   예: 감가상각, 상표가치의 상각, 충당금, 준비금이월, 자산·
   유가증권의 평가손
± 운전자금의 증감을 조정
   예: 매각대금, 재고 등이 늘어나면 운전자금은 증가(현금흐름
   은 감소), 매입채무(아직 현금 지불하지 않은 비용)가 늘면 운전
   자금은 감소(현금흐름은 증가)
△ 비용으로서 계상되지 않은 현금 지출을 뺌
   예: 충당금 철회, 세금 지불, 임원 상여 지급

영업활동으로 인한 현금흐름

+ 유가증권, 고정자산 매각에 의한 수입을 더함
   대부금의 회수에 의한 수입을 더함
△ 유가증권, 고정자산 취득에 의한 지출(설비투자, 주식 매수)을 뺌

투자활동으로 인한 현금흐름

+ 자금 조달로 인한 현금 증가(차입금 증가, 증자자금)를 더함
△ 차입금 등의 변제로 인한 현금의 감소를 뺌 지급 배당금을 뺌

재무활동으로 인한 현금흐름

기말의 현금잔고

영업활동으로 인한 현금흐름 – 설비투자 = 잉여현금흐름

익계산서라는 형태로 조정된 수익력만으로 회사의 건전성과 미래성을 측정하는 것의 위험한 면이며, 현금흐름표가 주목받게 된 배경이기도 하다.

재무적으로 회사가 어느 해 연초에 보유하고 있던 현금이 1년간의 사업 활동 결과 연말에 얼마가 되었는가를 검토할 수 있는 자료가 현금흐름표이다. 그 대략적인 흐름을 나타내면 **[4.2]**와 같다.

'미래 현금흐름의 현재가치가 기업 가치다'라는 원칙에 입각하여 비슷한 회사 간 배율의 비교 대상으로 어떤 현금흐름을 C로 할 것인가에 관해서는 손익계산서에서 본 것과 마찬가지로 몇 가지 생각할 문제가 생긴다.

- 현금흐름 : 전통적으로 현금흐름이라고 하면 세후 당기이익에 감가상각을 더한 것이라 정의되어왔다. 지금도 그런 의미에서 현금흐름이라는 단어가 자주 쓰이고 있다.

- 영업현금흐름 : 영업활동을 행한 결과로서 수중에 남은 현금. 손익계산서상의 이익에서 현금 입출을 수반하지 않는 항목을 제거하고 매각대금이나 재고자금과 같은 사업 활동상 발생하는 필요자금(운전자금)을 뺀 것.

- 잉여현금흐름free cashflow : 영업현금흐름에서 설비투자를 뺀 것. 사업을 현재 상태로 계속하는 것이 아니라 장차 성장 발전시키기 위해 필요한 투자는 공제한 경우에 수중에 남는 현금액. 주주가 '우리 것'이라며 쓸어가도 미래를 향해 사업운영을 계속하기에 지장 받지 않을 수 있는 금액이라 할 수 있다.

재무제표에서 사용되는 이들 용어는 영어나 약어의 형태로 일상 비즈니스 대화에 빈번히 등장한다. 권말에 간단히 번역상의 대응 관계를 표로 정리했으니 참조하기 바란다.

평가를 위한 현금흐름과 **자금 조달**을 위한 현금흐름의 차이

그동안 현금흐름 분석을 가장 열심히 해온 것은 은행이다. 은행은 빌린 돈이 되돌아오는가의 관점에서 회사를 본다. 따라서 은행의 최대 관심사는 회사가 매년 거두는 현금흐름으로 차입금을 약속대로 변제할 수 있는지 여부이다. M&A 현장에서의 가격 산정에는 통상 '잉여현금흐름free cashflow'이 사용되고 있는데, 이 점에 관해서는 구체적인 사례를 통해 보다 자세히 설명할 것이다. 그러나 이 현금흐름을 회사가 멋대로 쓰거나 임원 상여로 돌리거나 주주에게 배당한다면 은행에 변제할 자금이 없어질 수도 있다. 즉 은행 입장에서는 이 금액 전체를 '잉여free' 현금흐름으로 부르는 것에 저항이 있을 것이 틀림없다.

마찬가지로 이제 막 설립한 회사나 경영난에 빠진 회사의 경영자가 가장 신경 쓰는 것은 매월의 자금 조달이다. 어음 결제 기한을 연장시키기 위해서 또는 변제 기한이 도래한 차입금을 재융자 받을 수 있도록 설득하느라 매달 동분서주할 수밖에 없는 상황에서는 주주에게 배당을 할 수 없다. 아무리 기다려도 투자금을 회수할 가능성이 보이지 않는 회사의 주식은 아무도 사지 않을 것이다. '본래 그 회사의 주가는 영(0)이어야 한다'는 뜻이다. 그러나 잉여현금흐름이 플러스라면 사업 자체에는 가치가 있다. 차입금의 변제에까지 현금흐름이 돌지 않을 뿐이다. 그 차입금과 지급해야 할 이자를 빼고 기업 가치를 계산할 때, 그 차입금 총액을 뺀 것이 만일 플러스라면 그 회사의 가격은 제로가 아니라 플러스라는 계산이 성립한다. 제3장에서 대차대조표 읽는 법으로 '기업 가치와 회사의 가격은 다르다, 기업 가치(기업총가치)는 시가총액이라는 회사의 가격에 순부채를 더한 것이다'라고 설명했었는데, 현금흐름 분석의 측면에서 같은 것을 설명하면 이렇다.

이상의 부분까지 고려하여 간단히 산출할 수 있는 비교 지표로 자주 사용되는 배율이 다음에 설명할 EBITDA 배율이다.

기업 가치를 적나라하게 드러내는 지표 : EBITDA 배율

비슷한 상장회사의 시가총액(회사의 가격)과 그 회사의 이익·현금흐름 숫자 간 관계를 배율로 나타내고 이를 비교할 수 있다면, A사 가격을 산정할 때 사용해야 할 배율이 선명해진다. 이것이 시장에 의한 회사 가치 평가의 중심을 이루는 개념이다.

전술한 바와 같이 배율 산정에 사용하는 '이익'이나 '현금흐름'은 여러 가지로 생각할 수 있다. 그 중에서 실무에서 회사 가치 산정에 가장 자주 사용되고 있는 배율은 EBITDA 배율이라는 손익계산서나 현금흐름표에는 직접 나오지 않는 지표일 것이다(물론 주가 산정에는 전통적으로 PER가 잘 사용되고 있다).

갑작스럽게 등장한 EBITDA 배율이란 것이 왜 귀하게 사용되고 있는지 자세한 검토를 덧붙이기로 한다.

EBITDA란 Earning Before Interest, Tax, Depreciation & Amortization의 약칭이다. 이자와 세금 지급 전, 그리고 상각비용 차감 전의 이익을 가리킨다(Amortization은 무형자산에 관한 상각을 가리키는 용어이다). 특별손실과 같은 일시적인 손익도 제외되는 것이 일반적이며, 따라서 손익계산서의 '영업이익'에 감가상각을 더한 것이라고 생각해도 무리가 없다. 이것은 말하자면 회사가 그 재무 구성(차입금이나 잉여자산의 과다)과 무관하게 사업 활동 자체로부터 창출하는 현금이 얼마인가,

하는 수치라 할 수 있다.

감가상각은 과거에 이미 있었던 현금 지출을 회계상 나중에 손실 계상하는 처리이므로 실제로 그 해에는 현금이 나가지 않는다. 그만큼을 되돌려 생각함으로써 미래 수익을 창출하기 위해 필요한 투자를 실행할 여력을 포함하여 회사 능력을 파악한다는 발상이다. '영업이익 + 감가상각'으로 비교적 간단히 산출할 수 있고 연도에 따라 크게 요동치는 요인이 적다는 점도 실무에서 자주 사용되는 이유일 것이다.

EBITDA라는 기업의 현금 창출 능력에 대응시켜야 할 가치는 회사의 시가총액이 아니라 잉여 금융자산이나 차입금을 조정한 후의 '기업총가치'여야 한다. 왜냐하면 잉여 자산에서 창출되는 수취이자, 배당금, 차입금의 지급이자는 EBITDA에는 포함되지 않기 때문에 그 원본도 사상捨象하고 회사를 일단 맨몸뚱이 같은 상태로 만들지 않으면 일관성이 없어지기 때문이다.

기업총가치(Enterprise Value, EV)는 앞에서 검토한 대로,

기업총가치(EV) = 시가총액(MV) + 순부채

로 계산된다.

따라서 EBITDA 배율은 맨몸뚱이 상태의 기업 가치(기업총가치)가 사업 활동 자체로부터 창출되는 현금의 몇 배인가를 나타내는 지표이다. 배율의 산출식은 다음과 같다.

$$EBITDA \text{ 배율} \atop (EV/EBITDA \text{ 배율})} = \frac{\text{시가총액} + \text{순부채}}{\text{영업이익} + \text{감가상각}}$$

PER와 PBR는 쓸모 있는 지표인가

앞서 설명한 대로 주가 평가에서 가장 널리 사용되고 있는 배율은 PER이고, 전통적으로는 PBR도 많이 사용되었다. 두 배율의 정의는,

PER Price-Earning Ratio : 시가총액을 세후이익으로 나눈 배율
PBR Price-Book Ratio : 시가총액을 장부가 순자산으로 나눈 배율

이다. 「닛케이신문」의 주식란에도 상장 주식의 평균 PER, 평균 PBR 등이 매일 실린다. 「월스트리트저널」의 주식란에는 모든 종목의 고가, 저가, 종가 옆에 해당 종목의 PER가 표시된다. 이 전통적인 배율들에 관해 배경과 문제점을 살펴보겠다.

PER는 소극적인 회사 가치

적정 주가 산정에 동서양을 막론하고 PER가 이용되는 이유는 그것

이 경영에 참가하지 않는 일반 투자자 주주가 본 회사의 가치에 가장 가깝기 때문이다.

일반 투자자로서의 주주는 회사의 의사결정에 참여하지 않는다. 다만 수동적으로 회사가 올린 이익 배분에 참여할 뿐이다. 회사가 배당으로 매년 주주에게 환원하는 돈의 원천은 세후이익이다. 매년의 세후이익이 모두 주주에게 배분된다면 그 배당금은 $PV = C /(r - g)$의 식에서 주주 입장의 C와 같아진다. 리스크 자금을 출자한 주주가 그 지분에 따라 매년 발생한 이익을 배분한다고 하는 주식회사의 원형에 비추어 PER는 가장 합리적인 평가 방법이라 할 수 있다.

그러나 실제로는 모든 이익이 배당되는 것이 아니다. 앞서 검토한 대로 회계상 이익은 회사가 1년간 사업 활동으로 실제 수중에 남긴 현금과 일치하지 않는다. PER에 의존하여 회사 가치를 산정하는 것의 문제점도 여기에서 발생한다.

배당되지 않고 회사에 유보된 현금이 항상 주주가 기대하는 수익률로 운용되는 것은 아니다. 그러기는커녕 사업 활동에 직접 관계도 없는 투자로 돌려진 끝에 큰 손실을 입는 경우도 있다. 그리고 그 처리를 위한 일시적인 특별손실이나 적자 결산을 피하기 위해 '음성 자산'에서 이익을 산출하는 행위로 인해 어느 해 회사의 세후이익이 그 회사의 진짜 수익 수준을 정당하게 반영하지 못하는 사태가 왕왕 일어난다.

예전부터 이익의 안정 성장, 일정액의 안정 배당을 추구해온 일본의 많은 회사들은 오랜 축적을 통해 이익을 내부 유보하고 있다. 그것들은 실제로 주주의 기대수익률보다 훨씬 수익률이 낮은 국채나 정기예금으로 운용되거나, 많은 배당 수입을 기대할 수 없는 회사와 주식을 서로 보유하는 '보합'으로 동결되어 있기도 한다. 그러한 잉여 자산의 시가가 주가에 반영되어 시가총액이 늘어나는 한편, 배율 산정의 분모에 해당하는 세후 당기이익을 적은 운용 수익만큼만 반영한다고 하면 PER는 상승하는 경향이 있다.

역으로 잉여 자산이 불량 채권화 하고 있는 경우는 어떨까? 그럴 경우 '특별손실' 등의 명목으로 손익계산서상에 처리되어 그 해의 세후이익을 일시적이지만 극단적으로 작게 한다. 그러면 주가를 나누는 분모가 작아지므로 또다시 PER는 상승하기 쉽다.

실제로 PER를 산출하여 비교하는 경우 그러한 일시적 요인이나 특수한 요인을 제거한 '본래적인' 세후이익으로 수정하지 않으면 안 된다. 어디서부터 어디까지가 일시적 요인, 특수한 요인인가, 그것을 수정하면 지불해야 할 세금도 달라지는데 어떻게 수정할까 등을 생각하다보면 개별 회사의 PER를 본래적인 기준으로 수정하는 작업도 일률적, 기계적으로 하기는 어렵다. 또한 많은 차입금을 안고 있는 회사는 금리가 상승하면 지급이자가 급증하여 도산 리스크도 커지기 때문에 주가는 그만큼 낮아져 있을 것이다. 즉 비슷한 회사라고 해도 그 재무 구성이 다르면 PER가 다른 것은 당연하다.

EBITDA 배율이라는 발상은 그러한 요인을 고려한 개념이라는 것을 이제부터 이해할 수 있을 것이다.

PBR가 갖는 의미

시가총액과 장부가 순자산의 차이는 제3장에서 살펴본 것처럼 자산 평가액의 차이(시가와 장부가)와 브랜드 가치, 이 두 가지로부터 나온다. 장부가 순자산은 주주가 실제로 출자한 금액과 내부 유보한 이익의 합으로, 말하자면 주주가 투자한 금액이라 할 수 있다. 회사의 시가총액이 이 장부가 순자산의 몇 배인가, 라는 것이 PBR인데, 이는 '투자한 돈이 몇 배로 불어났는가' 하는 의미에서 주주에게 흥미로운 숫자이기는 하다. 다만 이것은 최초에 투자한 주주가 얼마를 벌었는지를 나타내고 있을 뿐 회사의 적정 가치를 산정하기 위한 비교 자료로서는 별 의미가 없다. 자산의 시가와 장부가가 크게 달라진 현재 상황에서는 더욱 그렇다. 그 차이를 없애기 위해 2001년도부터 시가회계가 도입되었다. 이로 인해 회사의 순자산금액은 보다 '시가 기준' 순자산에 접근하게 되므로 PBR는 회사의 시가총액에서 차지하는 '브랜드 가치'의 비율을 나타내는 지표로서의 의미를 갖기는 할 것이다(제3장 참조). 시가총액에서 차지하는 브랜드 가치의 비율이 높은 회사, 즉 PBR 배율이 높은 회사는 그만큼 브랜드를 비롯한 무형자산에 대한 의존도가 높은 회사로, 사업 방향을 잘못 잡으면 회사 가치의 대부분이 날아가버릴 수 있다는 신호이기도 하다.

한편 PBR는 실적이 부진한 회사나 금융기관의 평가에 효과적인 경우가 많다.

PBR가 1.0배를 밑돌고 있다는 것은 무엇을 말해주는 것일까? 이것은 그 회사의 가격이 그 보유자산을 모두 팔고 사업을 청산한 가치보다도 낮다는 것을 시사한다. 시가회계가 도입된 후 아직 PBR가 1.0 이하인 회사가 있다면, 그것은 그 회사가 사업을 하고 있다는 것을 시장이 전혀 평가하고 있지 않으며 오히려 적자만 내면서 축적한 자산을 갉아먹는 것을 빨리 그만두라는 뜻이 될 수도 있다. 즉 주식시장에 의해 '시장에서의 퇴출'을 촉구 받고 있는 회사일 수도 있다.

금융기관의 경우는 금융자산을 보유하면서 그것을 사고팔거나 빌려주거나 빌리거나 해서 수익을 올리는 일이 사업 그 자체이다. 이러한 사업 형태에서 순자산은 그러한 머니 게임을 하기 위한 밑천이므로 그 밑천의 몇 배인가 하는 PBR 지표를 같은 업종의 회사 간에 비교하는 일은 금융기관의 자산운용 능력 차를 파악할 수 있는 의미 있는 평가 방법이라 할 수 있다. 다만 이 비교가 의미를 갖기 위해서는 모든 자산과 부채가 적정한 시가로 평가받고 대차대조표에 계상되어 있어야 한다는 것은 말할 것도 없다. 평가익이나 부실채권은 제대로 시가로 고치고, 그로부터 산출되는 순자산을 기준으로 시장은 시가총액을 산정한다.

만능인 지표는 없다

개인적으로 나 자신은 미래 현금흐름을 현재가치로 나눈다는 취지에 따른 PER과 EBITDA 배율, 특히 일시적 요인으로 흔들림이 작은 EBITDA 배율을 선호하지만 그것이 절대적으로 옳다고 주장하는 것은 아니다.

매년 영업현금흐름을 창출하기 위해서는 당연히 투자나 운전자금이 필요하다. 주주의 수중에 남는 현금이라는 의미에서 설비투자 금액과 운전자금의 증가분은 영업현금흐름에서 빼야 하지 않을까? 이것은 정론이다. 세금은 실제로 지불되는 이상 그것도 현금흐름에서 빼야 한다는 의견도 물론이다. 실제로 M&A에서의 기업 가치 산정에 있어서는 그러한 사고방식이 주류이다. 과거 인터넷 관련 벤처기업의 평가에 EBITDAM 배율을 사용한다는 이야기를 들은 적이 있다. M이란 Marketing Cost, 즉 광고선전이나 판매촉진 비용을 가리킨다. 중후장대 설비형이 아닌 기업 형태에서는 감가상각은 그다지 발생하지 않지만 그 대신 회원 수나 이용 빈도를 높여 브랜드 가치를 만드는 일이 성장성과 수익 안정성의 열쇠가 된다. 이를 위한 선행 지출은 장기간에 걸쳐 수익으로 공헌하는 소위 투자라 할 수 있으므로 감가상각과 마찬가지로 생각해야 한다는 발상인데, 어느 정도 일리가 있다.

어떤 방법이 옳고 어떤 방법이 그른가를 여기서 논하는 것은 별로 유익하지 않을 것이다. 시간과 여유가 있다면 모든 지표를 일일이 산출하는 것도 의미는 있다. 극단적으로 말해 '비슷하다'고 판단되는 회사와 어디가 비슷한가에 따라서 그때마다 그 중에서 비교 대상으로 가장 걸맞은 지표를 고르면 좋을 것이다. 비슷하다고 생각되는 몇 개의 회사

사이에 어떤 지표가 확실히 비슷한 수준에 있다면 많은 시장 참가자들이 그 지표를 염두에 두고 있을 것이고 주가 역시 이를 반영하여 형성되어 있을 가능성이 높다. 그렇다면 그 지표는 신뢰할 가치가 있을 것이다.

그 지표로 비교했을 때 어떤 회사의 수치만 동떨어져 있다면 거기에 주식 투자의 기회가 있을지도 모른다. 또는 그 회사 특유의 재무제표에 드러나지 않는 문제가 있고, 그것을 모두가 알고 있을지도 모른다. 실적 발표 이후의 신문기사 등을 검색해보면 그 회사의 사정을 발견할 수도 있다. 어떤 경우에 해당될지는 스스로 직접 판단할 수밖에 없다.

일단 시험 삼아 실제로 상장회사의 배율지표를 뽑아 줄 세워놓고 검토해보자. [4.3]은 내가 편리하게 사용하고 있는 '비슷한 회사 비교표' 양식이다. 그 설명에 들어가기 전에 또 하나의 과제가 남아 있다. 그것은 비교 대상의 숫자, 데이터는 어느 시점의 것을 쓰면 좋은가 하는 것이다.

언제의 숫자를 쓸 것인가

'미래'의 현금흐름 전망에 기초한 '지금'의 주가가 시장에서 결정되는데, '과거'의 재무제표상 숫자에서 얻어지는 배율을 계산하여 비교하는 것이 과연 참고가 될까?

이 질문에 대해서는 '그렇지는 않지만 그렇게 되고 있다'고 하는 것이 정직한 대답일 것 같다. 주가가 매겨진 순간의, 그 회사 경영 현황을 재무제표에 반영해서 시장 참가자 전체에게 정보 공개하는 시스템이 완성된다면 그보다 더 좋을 수는 없을 것이다. 그러나 현실적으로 시간이 어느 정도 지난 정보이기는 해도 공통의 회계 규칙에 기초해서 감사를 받고 거짓 없는 것으로 공표된 숫자도 중요하다. 시장이 공유하는 유일한 데이터가 그것이라면 그 숫자를 써서 분석하는 방법은 시장의 논리에 반하는 것은 아니다.

그러나 실제 최신의 경영 현황을 남들보다 빨리 입수한 사람이 주가 흐름에 누구보다 빨리 대응할 수 있다는 점 역시 부인할 수 없다. 단기적인 주식 매매로 돈을 벌고자 하는 사람들로서는 과거의 숫자를 이것저것 분석하여 '적정 가치'를 산출하기보다는 회사의 내부 정보를 누구보다도 빨리 입수하는 것이 부자 되는 지름길이라 생각할 것이다. 그러한 생각이 주류를 이루는 것도 무리는 아니다.

이것은 주식시장이 근본적으로 안고 있는 딜레마이다. 모든 시장 참가자에게 공평하고 균등하게 정보가 빠르게 전해지는 일은 있을 수 없다. 아무래도 그 분야의 '프로'에게 정보가 모이기 쉽다. 이 '프로'란 투기꾼 같은 사람들만을 말하는 것은 아니다. 막대한 자금을 운용하는 기관투자가에게는 그 자금을 원하는 증권회사, 투자은행, 그리고 기업 스스로가 친절하게 정보를 제공해주고 싶어하는 것이 당연하다. 리쿠르트 사건을 비롯한 금융 스캔들이 보여주듯, 정치가를 비롯한 세상의 권력자들도 일반 대중보다 유리한 입장에 있다는 편견은 변함없이 뿌리 깊다. 이러한 현실 내지는 편견이 존재하는 한, 주식시장은 개인에게서 리스크 자금을 널리 모은다고 하는 본래의 역할을 다하는 장이 아니라 돈 귀신들의 도박장으로 변모할 위험을 항상 품고 있다.

이제 다시 '어느 시점의 데이터를 사용해야 하는가'라는 주제로 돌아가자. 여기에는 세 가지 선택지가 있다. 그것은

- 직전 연도 결산기말의 실적 수치
- 직전 4반기 결산까지의 과거 12개월의 수치
- 당기 이후의 예상 수치

이다. 당기 및 차기의 결산 수치에 관해서는 각 사가 예상 수치를 내고 있으므로 참고할 수가 있다. 증권 애널리스트는 이 수익 예상 분석을 업으로 하는 사람으로, 그 분석을 애널리스트 리포트라는 형식으로 발표하고 있다. 그러한 정보를 입수하는 것은 시장 동향을 이해하는 데 있어 중요하다.

어느 시점의 숫자를 사용할까? 이 물음에 대한 대답도 하나의 정답이 있는 것은 아니다. 직전의 결산 수치는 데이터 양이 풍부하여 분석이 쉽지만 발표 직후라고 해도 1년 가까이 과거의 숫자이다. 4반기 결산을 발표하는 회사라면 직전 12개월의 숫자라는 것이 보다 회사의 현

황에 가깝지만 담겨 있는 데이터도 적고 감사도 연도 결산만큼 철저하지 못하다. 회사나 애널리스트가 발표하는 예상치는 어디까지나 예측이고 주관적 판단이 들어간 것에 불과하다. 어느 것이나 어중간할 수밖에 없다. 시장 참가자도 같은 숫자와 정보에 근거하여 분석하고 있는 이상, 과거 실적, 최근 12개월, 향후 전망을 줄 세워놓고 배율을 다른 비슷한 회사와 비교하고 수치 발표 이후에 회사의 사업 활동에 커다란 변화를 가져올 뉴스가 있었는지를 검토하면서 취사선택하는 것이 정답이라고 하겠다.

▶ 3. 실제로 해보자 –
기업편람의 여기를 보자

배율비교표 작성법

그러면 실제로 주식이 상장되어 있는 회사를 예로 들어 지금까지 설명해온 지표를 산출해 비교해보자. [4.3]은 내가 회사의 가격을 간단히 검토할 때 쓰는 표 계산 양식이다. 회사 기업편람에서 대부분의 숫자를 얻을 수 있다. 여기서는 편의점 세븐일레븐을 사례로 하여 표 만들기를 순서대로 설명해가겠다.

우선 제일 위에 주가를 세 개 열거한다. 기업편람에 실려 있는 과거 6개월 정도 기간의 최고가와 최저가, 그리고 신문과 인터넷으로 조사한 현재의 주가이다. 그 아래로는 발행주식 총수를 억주 단위로 기입한다. 본래는 옵션 등도 고려한 잠재적 주식 수도 검토하는 것이 좋지만 여기서는 기업편람에 실려 있는 숫자를 그대로 사용한다.

이 둘을 곱하면 주식 시가총액이 억엔 단위로 산출된다. 당연히 이것들은 최고, 최저, 최근의 세 가지 시가총액이 된다.

다음으로 기업총가치를 계산한다. 전술한 대로 이것은 순부채의 조정이다. 기업편람의 '유이자부채액'을 차입금으로 하고, '현금등가물'을 잉여 현금으로 빼주면 순부채가 산출된다. 세븐일레븐의 경우는 무차입이므로 순부채는 마이너스의 수치가 된다. 이것을 시가총액에 더한 것(마이너스라면 뺀 것)이 기업총가치이다. 그 아래에는 장부가 순자산으로, 기업편람에서 주주자본의 항목 수치를 참고 삼아 옮겨 적는다. 이것으로 회사의 가격에 해당하는 부분이 완성된다.

그 밑은 그 회사의 손익 상황에 관한 데이터이다. 여기도 3열로 세운다. 전년도 실적, 당년도 전망, 내년도 예상이다. 참고로 숫자는 모두 연결 기준 데이터를 사용한다. 회사 가치로 주주가 봐야 할 대상은 자회사까지 포함한 그룹 손익이 아니면 의미가 없기 때문이다.

그 3기분의 매출, 영업이익, 상각전영업이익EBITDA, 그리고 세후 당기이익의 4가지 데이터를 세로로 나열한다. 감가상각은 최근 기업편람에는 대개의 회사가 전기 실적과 당기 예상을 게재하고 있다. 그렇지 않은 경우는 실적 수준으로 놓아둔다.

이상 모든 데이터를 갖추었다면 다음은 분석할 차례이다. 표 계산 소프트웨어(엑셀과 같은 스프레드시트)를 사용하여 계산식을 미리 양식에 넣어두면 자동적으로 각종 지표를 계산해 준다.

우선은 재무제표라는 항목으로, 매출과 영업이익의 성장률을 전년 대비 성장률로 계산한다. 그리고 영업이익을 매출액으로 나눈 영업이익률을 계산한다. 이들 지표는 3년분을 줄 세워봄으로써 회사의 성장성과

4. 3 기업편람 정보를 기초로 한 세븐일레븐 재팬의 기업 가치 평가 검토표

[기업 가치]	최고치	최저치	최근
주가	8,550엔	4,870엔	5,000엔
발행주식 총수			8.329억주
시가총액(MV)	71,213억엔	40,562억엔	41,645억엔
유이자부채			0
현금등가물			3,392억엔
순부채			-3,392억엔
기업총가치(EV)	67,821억엔	37,170억엔	38,253억엔
장부가 순자산			5,200억엔

(단위 : 억엔)

[손익 데이터]	전기 실적	당기 전망	차기 예상
매출액(영업수익)	3,373	3,660	3,916
영업이익(EBIT)	1,374	1,430	1,500
감가상각비	315	315	315
상각전영업이익(EBITDA)	1,689	1,745	1,815
세후당기순이익	718	780	820

[재무지표]	전기 실적	당기 전망	차기 예상
매출액성장률	9.2%	8.5%	7.0%
영업이익성장률	19.8%	4.1%	4.9%
매출액영업이익률	40.7%	39.1%	38.3%

(단위:배)

[배율]	최고치	최저치	최근
PBR	13.7	7.8	8.0
PER 대 전기 실적	99.2	56.5	58.0
당기 전망	91.3	52.0	53.4
차기 예상	86.8	49.5	50.8
EBITDA 대 전기 실적	40.2	22.0	22.6
당기 전망	38.9	21.3	21.9
차기 예상	37.4	20.5	21.1

* 동양경제신보사 회사사계보 2001년봄판 발췌. 최근 주가는 2001년 3월30일 시점

안정성, 수익성을 검토하는 재료가 된다.

그리고 마지막으로 모든 배율을 계산한다. 여기서는 순자산배율 PBR, 주가수익비율PER, 그리고 EBITDA 배율, 세 가지를 세로열에 둔다. 가로로는 최고, 최저, 최근, 세 가지의 시가총액, 기업총가치를 상단부터 가져오면 PER와 EBITDA 배율은 3기분의 숫자와 세 가지 주가 매트릭스가 만들어져 합계 9종의 배율이 각각에 대하여 도출된다. 이것으로 회사의 가격을 산정하기 위한 배율의 폭을 대략 파악할 수 있다. 평균치를 산출하는 것도 하나의 방법이지만 굳이 한 가지 배율을 취한다면 최근의 주가를 당기 전망이나 차기 예상수치로 나눈 배율에 나는 주목한다. 즉 배율 매트릭스의 우측 하단 수치이다. 주가나 기업 가치는 미래 전망을 현재가치로 삼은 것이라는 기본에 충실한다면 과거 실적보다 미래 전망에 주목해야 한다는 것이 그 이유이다.

세븐일레븐의 예로 말하면 최근(2001년 3월말)의 주가와 차기(2001년도) 예상을 근거로 한 각각의 배율은,

PBR = 8.0배

PER = 50.8배

EBITDA 배율 = 21.1배

가 된다. 이들 배율을 어떻게 평가하면 좋을까? 비슷한 회사와 비교하면 된다.

편의점 **4사** 비교

똑같은 양식을 사용하여 상장되어 있는 같은 업종 회사들의 데이터 및 배율을 정리한 것이 [4.4]이다. 이 표를 통해 주식시장 참가자가 이들 회사의 기업 가치를 어떻게 평가하고 있는지를 읽어내는 것이 어느 정도는 가능하다.

우선 기업총가치에 주목해보자. 업계 1위인 세븐일레븐의 기업총가치는 탁월하다. 3조 8,000억엔으로 2위 로손의 10배 이상이다. 3위인 훼미리마트는 2위 로손에 비하면 매출 수준은 2/3 정도지만 기업총가치는 1/2도 안 된다. 경쟁이 심한 업계로, 상위가 아니면 미래성에 대한 투자자의 시각이 냉엄하다는 것을 읽을 수 있다.

그 사실을 반영한 전략 결정의 결과인지, 서클케이(2001년 7월 씨앤에스로 사명 변경)와 상쿠스는 2001년도에 사업 통합을 발표하여 차기 예상치는 이 2사를 합한 것이 되어 있다. 최근의 주가는 당연히 이 통합을 반영하여 매겨지고 있을 것이다. 양사의 수치를 합산해보면 차기 예상의 수익EBITDA은 3위 훼미리마트와 어깨를 견주게 되며 기업총가치는 훼미리마트를 웃돈다. 최근 500개의 매장 폐쇄를 발표하여 성장세에 의문부호가 찍힌 훼미리마트에 비하여 합병효과에 대한 기대가 반영되어 있는지도 모른다.

그렇다고 해도 세븐일레븐에 대한 평가는 어째서 이 정도로 높은

4. 4 2000년 3월 30일 주가를 기초로 한 편의점 4사의 비교표

2위의 10배 이상이라는
압도적으로 높은 기업 가치

(단위 : 억엔)

회사명	세븐일레븐 재팬	로손	훼미리마트	서클K + 상쿠스 합
기업총가치(EV)	38,253	3,857	1,777	2,517
장부가 순자산	5,200	1,727	1,226	947

[손익데이터]	2002/2기 예상	2002/2기 예상	2002/2기 예상	2002/2기 예상
매출액 (영업수익)	3,916	2,650	1,763	1,400
영업이익 (EBIT)	1,500	440	214	240
감가상각비	315	150	109	67
상각전영업이익 (EBITDA)	1,815	590	323	307
세후당기순이익	820	175	81	126
[재무제표]				
매출액성장률	7.0%	−4.0%	0.6%	−1.4%
영업이익성장률	4.9%	4.8%	−10.1%	0.4%
매출액영업이익률	38.3%	16.6%	12.1%	17.1%
[배율]				(단위 : 배)
PBR	8.0	2.5	1.5	3.0
PER	50.8	24.9	23.4	22.4
EBITDA배율	21.1	6.1	5.5	8.2

안정되고 높은 재무지표

경쟁사에 비해
탁월하게 높은 배율

* 동양경제신보사 회사사계보 2001년봄판 발췌. 기업총가치는 2001년 3월30일 시점의 주가에서 산출.

것일까? 재무지표를 다른 회사와 비교해보자.

매출액 성장률은 8% 전후로 안정적이고, 다른 회사와 같은 부침이 없다. 과거를 더 거슬러 올라가면, 안정된 고성장을 달성해왔고 경영 능력에 대한 투자자의 높은 신뢰를 느낄 수 있다. 그리고 주목할 만한 점은 영업이익률이 탁월하게 높다는 점이다. 영업수익은 프랜차이즈 수수료 수입과 직영점 매출의 합계이다. 직영점 비율이 낮으면 영업이익률이 높게 나오므로 숫자만 가지고 결론을 내려서는 안 되지만 크게 적자를 내는 점포가 없고 모든 점포가 잘 운영되고 있지 않으면 이러한 이익률은 달성할 수 없는 것으로 여겨진다.

이러한 요인이 배율의 차로 드러난다. EBITDA 배율에서, 세븐일레븐은 20배, 다른 회사는 6배 정도로 커다란 차이를 보인다. $PV = C / (r - g)$의 정의식을 떠올려보면 수익력(C), 안정성(r), 성장성(g) 모두에서 경쟁사를 능가할 때 이러한 차이가 생길 수 있다는 것을 납득할 것이다.

보다 깊이 검토하기 위해 소매 유통업계에서 비슷한 능력을 발휘하고 있는 회사를 찾아 비교해보자. 유니클로 브랜드로 급성장 중인 퍼스트리테일링이라면 어떨까. 기업편람에서 수치를 발췌해보면 [4.5]과 같다.

우선 퍼스트리테일링의 결산기는 8월로, 이는 다른 편의점 회사의 2월 결산과 반년 엇갈려 있다는 것에 주의해야 한다. 즉 퍼스트리테일링의 손익 데이터는 편의점의 것보다 6개월 더 최근 것이다. 같은 기준에서 비교해야 한다면, EBITDA 배율의 당기 전망 9.9배와 차기 예상 7.7배의 중간인 8.8배가 편의점의 차기 예상과 비교해야 할 배율이 된다. EBITDA 배율이 약 9배라는 것은 세븐일레븐 이외의 편의점에 비하면 역시 높지만, 유니클로의 고성장 고수익 실적에 비하면 그다지 높다고 느껴지지 않는다. 시장은 유니클로가 이대로 점포 수를 확대해가면서 세븐일레븐처럼 이익률이 떨어지지 않을 수 있을지 여부에 대해 확신이 없는 것 아닐까? 중국 섬유제품의 수입 문제 등을 고려할 때 유니클로의 안정 성장, 안정 수익력이 프랜차이즈 방식으로 '성공 패턴'의 자기 증식을 기대할 수 있는 세븐일레븐 정도로 반석 위에 놓인 것은 아니라고 평가받고 있는지도 모른다. 어쨌든 세븐일레븐의 고배율은 각 점포의 경쟁력이 압도적이고, 경쟁사를 쓰러뜨릴 만한 기세의 성장력이 있기에 비로소 가능하다는 것을 이 비교에서도 추측할 수 있다.

나는 애널리스트가 아니므로 더 이상의 코멘트는 할 수 없지만 적어도 지금의 시장이 세븐일레븐의 강점을 그렇게 평가하고 있다는 것은 알 수 있다. 그렇다면 업종은 약간 다르지만 패스트푸드 업계의 강자 맥도널드는 시장에서 어떻게 평가받고 있을까? 이 책을 집필하기 시작했을 무렵에는 아직 상장되지 않았던 맥도널드가 7월 26일에 주식을 공개했다. 전년도 실적을 기초로 간단히 계산해보면 상장 시초가는 EBITDA 배율로 약 15배의 가격이 매겨졌다. 세븐일레븐 정도는 아니지만 퍼스트리테일링보다 높은 이 배율은 개인적으로 납득할 만한 수준이라고 생각한다. 이후 주가는 어떻게 흘러갈까? 이 책이 서점에 깔릴 즈음

4. 5 기업편람 정보를 기초로 한 퍼스트리테일링의 기업 가치 평가 검토표

[기업 가치]	최고치	최저치	최근주가
주가	32,000엔	17,000엔	20,800엔
발행주식 총수			0.530억주
시가총액(MV)	17,066억엔	9,010억엔	11,024억엔
유이자부채			100억엔
현금등가물			997억엔
순부채			−897억엔
기업총가치(EV)	16,169억엔	8,113억엔	10,127억엔
장부가 순자산			664억엔

(단위 : 억엔)

[손익 데이터]	전기 실적	당기 전망	차기 예상
매출액(영업수익)	2,290	3,945	5,000
영업이익(EBIT)	606	1,010	1,300
감가상각비	8	9	9
상각전영업이익(EBITDA)	614	1,019	1,309
세후당기순이익	345	567	700

[재무지표]	전기 실적	당기 전망	차기 예상
매출액성장률	106.1%	72.3%	26.7%
영업이익성장률	323.8%	66.7%	28.7%
매출액영업이익률	26.5%	25.6%	26.0%

(단위:배)

[배율]	최고치	최저치	최근
PBR	25.7	13.6	16.6
PER 대 전기 실적	49.5	26.1	32.0
당기 전망	30.1	15.9	19.4
차기 예상	24.4	12.9	15.7
EBITDA 대 전기 실적	26.3	13.2	16.5
당기 전망	15.9	8.0	9.9
차기 예상	12.4	6.2	7.7

* 동양경제신보사 회사사계보 2001년 봄판 발췌. 최근 주가는 2001년 3월30일 시점의 것.

에는 시장에서 활발히 주식 거래가 행해지고 애널리스트 리포트나 기업 편람에도 당기와 차기 예상이 나와 있을 것이다. 그 무렵에는 세븐일레 븐이나 퍼스트리테일링에 대해서도 새로운 실적과 실적 예상이 나오고, 그 두 회사의 주가도 변해 있을 것이 틀림없다.

이렇게 비슷한 회사와 비교하면서 그때그때 시장에서의 가격 형성 을 관찰하는 것이 주식 투자의 진수가 아닐까 한다. 그리고 기업편람과 인터넷 주가 검색을 이용하면 이 간이 검토표를 작성하는 데 불과 5분 정도밖에 걸리지 않는다. 자기 나름의 '회사 보는 법' '업종 보는 법'을 단련하는 수단으로서는 나쁘지 않을 것이다.

자동차 회사 5사 비교

여기서 한 가지 더, 독자 여러분에게 친근감있게 느껴지는 업계라 는 점에서 자동차 회사에 대해서는 어떤 분석이 가능한지 시험해보자. [4.6]은 일본의 자동차 회사 5개사의 데이터를 비교한 것이다. 양식은 편의점과 동일한 것을 사용한다.

제1위인 도요타가 편의점 업계의 세븐일레븐처럼 다른 회사를 압 도하고 있는가 하면 그렇지도 않다는 것을 알 수 있다. 도요타의 기업 가치는 사업 규모(매출액)의 1.4배이다. 닛산, 혼다는 매출액과 기업 가

4. 6 2000년 3월 30일의 주가를 기초로 한 자동차 회사 5개사 비교표

대략적인 사업 규모(매출액)에
연동된 상위 3사의 기업 가치

(단위 : 억엔)

회사명	도요타 자동차	혼다기연 공업	닛산자동차	미쓰비시 자동차	마쓰다
[기업 가치]					
시가총액(MV)	162,864	49,869	31,442	5,101	3,727
기업총가치(EV)	192,704	61,163	53,616	20,200	8,686
장부가 순자산	68,991	20,424	7,620	2,558	1,778

[손익데이터]	2002/3기 예상	2002/3기 예상	2002/3기 예상	2002/3기 예상	2002/3기 예상
매출액 (영업수익)	138,000	65,000	60,500	32,000	20,200
영업이익 (EBIT)	8,300	4,600	3,100	−100	−50
상각전영업 이익(EBITDA)	14,900	6,300	5,500	1,000	450
세후당기순이익	4,000	2,600	2,100	−300	−180
[재무지표]					
매출액성장률	3.0%	3.3%	−0.3%	−3.0%	−2.4%
영업이익성장률	3.8%	13.6%	24.0%	N.M.	N.M.
매출액영업이익률	6.0%	7.1%	5.1%	−0.3%	−0.2%
[배율]					(단위 : 배)
PBR	2.4	2.4	4.1	2.0	2.1
PER	40.7	19.2	15.0	−17.0	−20.7
EBITDA배율	12.9	9.7	9.7	20.2	19.3

도요타의 경우 2위 그룹보다
EBITDA 배율이 30% 정도 높다

실적 급회복으로
혼다 수준의 평가

영업적자가 예상되는 상황에서
이익배율은 별 쓸모가 없다

* 동양경제신보사 회사사계보 2001년 봄판 발췌. 최근 주가는 2001년 3월 30일 시점의 것.

치가 같은 정도이다. 2000년 3월 30일 시점의 주가와 다음 다음날부터 시작되는 차기의 예상치를 기초로 EBITDA 배율을 산출하면 도요타는 13배 정도로, 닛산, 혼다의 10배보다 역시 높지만 하위인 마쓰다나 미쓰비시자동차는 오히려 그보다 더 높다. 수익성과 성장성이 이 배율 차에 드러나 있다는 설명은 통하지 않는다. '시장은 옳다' 라는 겸허한 자세로 왜 이렇게 되는지를 생각해보자.

마쓰다와 미쓰비시는 구조조정이 한창으로, 분모인 상각전영업이익이 일시적 비용으로 인해 실제 역량보다 작아져 있다는 점을 고려할 수 있다. 두 회사 모두 당기, 차기의 영업이익은 적자를 예상하고 있다. 실제 역량을 반영하는 수치가 얼마인지는 구조조정 효과가 나온 시점의 수익력이 어느 정도 되는가를 분석해야 하므로 초보자에게 어렵다.

닛산은 어떨까? 르노의 자본 참가, 카를로스 곤 사장의 리더십으로 수익력이 급속도로 회복되고 있는 것이 크게 개선된 영업이익률 숫자로 나타나 있다. 시장은 닛산의 수익성과 안정성, 성장성에 대하여 톱 3의 하나로서 동등한 평가를 하고 있다는 것을 읽을 수 있다.

그러면 과연 도요타는 어떻게 보일까? 세븐일레븐 정도의 고배율이 되지 않는 이유를 몇 가지로 생각할 수 있다.

우선은 자동차 업계 자체가 성숙 산업이라는 점이다. 어느 회사나 매출 성장률은 천장을 친 상태에 있다. 최근 시장이 포화상태라고들 하는 편의점에서도 5% 정도의 성장이 전망되는 것과는 달리, 시장 규모의 확대 자체에 한계가 느껴진다. 그런 업계에서는 점유율 수위 회사가 오히려 힘들지도 모른다.

또 한 가지는 자동차 업계가 글로벌한 경쟁시장이라는 점이다. 이 것은 분명히 편의점 업계와는 다르다. 아무리 최강의 도요타라도 해외 의 거대 제조사가 자본 참가하고 있는 다른 경쟁사를 쓰러뜨릴 만한 성 장을 계속하여 국내, 나아가 세계 시장의 섬유율을 점점 더 높이는 일은 그리 간단한 일이 아니다. 또한 일본의 자동차 회사 자체가 글로벌 기업 화 되고 있는 것을 고려하지 않으면 안 된다. 구체적으로, 환율이 수익 에 미치는 영향이 크다는 점을 들 수 있다. 대표적인 수출산업인 자동차 회사는 엔저가 되면 수익이 급증하는 특성을 갖고 있다. 미래 수익 전망 을 작성할 이 점을 어떻게 반영하여 분석하면 좋을까.

글로벌 경쟁, 구조조정 효과, 환율 영향 등의 요인까지 반영한 적정 한 기업 가치 수준, 배율 수준을 확인하는 것은 기업편람 차원의 간이 분석으로는 불가능한 일이다.

[4.7]은 세계의 자동차 회사 PER과 EBITDA 배율을 비교해본 것 이다. 골드만삭스 증권이 작성한 것으로 애널리스트 시오하라 씨에 의 하면 기업편람보다 상세한 재무분석을 행하여 수치를 수정한 뒤 배율을 산정한 것이기 때문에 나의 간이표와 배율 자체도 다르다. 이 표로 보면 도요타의 9.9배라는 것은 외국 회사에 비해 상당히 높은 수준이라는 것 을 알 수 있다. 도요타는 해외에서도 주식을 상장하고 있고, 외국인 지 분비율도 높기 때문에 기업 가치를 보는 투자자의 눈도 글로벌 스탠더 드에 가깝다고 상정된다. 이 비교 배율을 보면 도요타가 세계의 자동차

회사 중에서도 높은 평가를 받고 있음을 알 수 있다.

'아무리 이런 분석을 해도 결국 어떤 회사의 주식을 사야 하는가의
판단 재료는 되지 않는 것 아닌가'라고 한다면, 그럴지도 모른다. 그럼
에도 이 작업은 의미가 있다. 기업편람 정도의 정보라도 간단한 양식에
이렇게 기업 가치나 배율을 구하고 비교해봄으로써 시장이 어떻게 개별

4.7 세계 자동차 회사들의 배율 비교

메이커명	PER	EBITDA 배율
GM	6.4	2.0
포드	8.7	3.3
다임러 크라이슬러	15.1	4.2
BMW	24.3	5.6
폭스바겐	13.4	4.1
푸조	10.7	4.1
르노	13.3	4.6
피아트	74.7	4.5
포르쉐	24.8	9.1
볼보	25.3	6.9
현대	7.7	4.0
기아	11.3	3.6
해외사 평균	**19.6**	**4.7**
도요타	31.0	9.9
닛산	11.2	8.9
혼다	19.8	6.9
미쓰비시	-2.1	18.9
마쓰다	-7.1	19.9

출처: Goldman Sachs Autos Research (March 2, 2001)

회사들에 대해 지금의 주가를 매기고 있는지, 이리저리 생각할 계기가 생긴다. 그렇게 개개의 회사를 들여다봄으로써 세상의 구조, 신문에서 화제가 되고 있는 뉴스의 의미 등이 잘 보이게 된다. 이것은 글로벌 공통 언어로 금융 전문가나 외국 사업가들과 대화하기 위해 필요한 준비 작업이기도 하다.

안정 주주는 기업 가치를 왜곡하는가 – 시장에 의한 평가의 현실과 한계

지금까지 시장에서 가격표가 붙어 있는 상장회사에 관하여 그 가격 형성의 관점과 분석 방법을 검토해보았다. 실제로는 회사가 발표하는 수익 예상(C)이 자주 변경되며 미래의 성장성(g)이나 안정성(r)은 경기나 금리, 외환 등 외부 요인으로 인해 투자자의 시각이 시시각각 변하므로 결과적으로 주가는 항상 변동할 수밖에 없다.

회사 직원 입장에서는 매일 근무하는 자기 회사의 가치가 단기간에 배로 뛰거나 반 토막 나는 것을 도저히 실감하지 못할 것이다. 그러나 회사의 가격이 불확실한 미래를 '추측'하면서 투자자들에 의해 시장에서 정해지는 것인 이상 외부 환경이나 심리적 요인으로 가격이 오르내리는 것은, 말하자면 투자 가치의 '본성'이다.

이러한 현실을 그대로 받아들이면, 어떤 회사의 '적정 가격'을 산정하는 열쇠는 모두 현실의 시장에서 찾아내야 한다는 생각이 정공법임을 잘 알 수 있다. 이미 주식을 공개하고 있는 다른 비슷한 회사에 대하여 시장 참가자들이 어떻게 보고 있는지 관찰, 분석하면 다양한 정보를 얻을 수 있다.

다른 상장회사와 비교한다는 회사 가치 산정법은 왕도이기는 하지만 한계도 있다. 그것은 일본 주식시장 자체가 과연 효율적인 가격 형성의 장인가 하는 염려로 인한 것이다.

기업의 정보 공개의 필요성이 대두되면서 우리도 연결결산, 시가회계, 중요 사실의 적시 개시, 4반기결산 등등 글로벌 스탠더드에 입각한 정보 공시 체계에 접근해가는 중이다. 이러한 방향성은 확실히 회사의 '적정 가치'를 검증, 산정하는 데 도움이 될 것이다.

그럼에도 아직 일본 주식시장에서의 회사 가치 형성에는 특수한 요인이 있다. 그것은 전형적으로는 '보합'이라는 풍습에 드러나고 있다. 최근 들어 갑자기 주식보합의 해소가 주가에 미치는 영향이 주목받고 있는데, 지금까지 설명해온 공통 언어의 발상에서 검토를 덧붙여 보겠다.

주식 보합이란 말 그대로 2사 이상의 회사가 서로의 주식을 상호 보유하는 상습관을 말한다. 주식의 발행으로 조달한 자금은 본래 그 회사의 사업의 성장·발전을 위해 사용된다. 그러나 '보합'을 약속한 경우 회사 A가 발행한 주식을 회사 B가 구입하고, 회사 A는 그 조달한 자금으로 회사 B의 주식을 구입한다. 그 결과 자금은 움직이지 않은 채 발행 주식 총수만 늘어나는 것과 같게 된다. 전후 해체된 재벌기업군은 이 방법을 써서 상호로 주식을 보유하여 경영의 실질 지배권을 기업 집단 내에서 끼리끼리 확보했다.

여기에 덧붙여 주식 보합과 비슷한 기능을 해온 주주로 이른바 '안정주주'라는 존재가 있다. 생명보험이나 은행과 같은 금융기관이 전형으로, 회사의 거래처가 보유하는 주식도 이 범주에 속한다.

이러한 '경영권 안정화' 자체를 악이라고 할 생각은 없다. 그룹의 총화된 힘을 써서 전후 일본경제를 급성장궤도에 올리는 과정에서 '제 식구'에게 경영권을 집중시켜 신속한 의사결정과 실행의 체제를 만드는 것은 일본인의 공동체적인 감각에 합치한다. 그러한 회사에 투자한 일반 주주는 기업 집단의 성장을 통하여 주가 상승을 누릴 수 있었으므로 불평을 할 입장은 아니었다.

자본 축적이 없는 시대에 성장 도상의 일본 기업 지배권은 미국을 비롯한 외국자본이나 돈만 추구하는 탈취자의 표적이 되기 쉬웠다. 만일 그런 사람들이 주식을 매점했다면 전후 일본의 경제부흥을 통해 창출된 부의 대부분이 근면한 노동자 이외의 세계로 유출되었을지도 모른다. 그렇게 생각하면 세계에서 경제적으로 독립할 수 있을 만큼 성장하기까지의 기간, 주주, 경영자와 노동자가 일체가 되어 '식구끼리' 경영지배권을 다진 것에는 의의가 있었다고 납득할 수 있을 것이다.

이러한 '보합' '안정주주'를 지금까지 검토해온 주가 결정의 사고방식에 비추어 생각하면 다음과 같은 해석을 할 수 있다.

보합주주나 안정주주는 순수한 투자자는 아니다. 투자자는 회사 주식을 단순한 금융상품으로 평가하여 미래의 금전적 이익만을 기대하고 주식을 매매하는 것으로 여겨진다. 그러한 투자자가 시장 참가자인 것을 전제로 하여 지금까지 '답은 시장에 있다'고 설명해왔다. 그런데 보합을 하는 기업가 집단군이나 안정주주라는 금융기관·거래처 주주의

응용편 주가 산정과 M&A의 실무

투자 동기는·주식 보유에서 얻어지는 금전적 이익 이외의 부분에 있다. 그들은 거위가 낳는 돈의 양이 아니라, 그 회사의 '이용 가치'에 주목하고 있다. 극단적으로 말하면 회사의 미래 현금흐름이 작아지더라도 회사와의 거래관계로부터 자신들이 얻을 수 있는 메리트만 확보해 준다면 경영진에게 불만은 없다. 서로 주식을 보합하고 있으면 자기 회사의 경영진 신임표와 맞바꾸는 것이므로 더더욱 경영 비판의 창끝이 무디어질 수밖에 없다. 본래 기관투자가로서 대중에게 위탁받은 자금은 운용수익률을 높이는 데 노력해야 할 은행이나 생명보험사까지 순수한 투자자로서가 아닌 거래 관계를 갖고 있다는 것은 자본시장으로서는 상당히 왜곡된 구조이다. 은행 입장에서는 '그 회사가 융자를 많이 받고 이자를 제대로 지불해주는 것이 무엇보다 기쁘고, 사원의 예금구좌를 획득하여 급여의 지불 등을 일괄적으로 도맡을 수 있기 때문에 주식을 보유하고 있다'는 것이 본심일 것이다. 생명보험사도 마찬가지로 회사 직원의 보험 계약이나 연금의 취급이라는 이해관계를 갖고 있다.

일본의 상장회사 주주의 상당 부분을 이러한 진정한 투자자가 아닌 주주가 차지하고 있는 것이 실정이다. 도쿄증권거래소의 자료에 따르면 2000년 3월말 현재, 사업회사 + 금융기관 + 생명보험이 전체 상장주식의 50% 이상을 차지하고 있다. 그들 모두가 그런 것은 아니지만 대다수가 주가에 관해 미래 현금흐름의 현재가치라는 식의 발상은 갖고 있지 않았다고 해도 과언은 아니다. 따라서 시장에서 자유로운 투자자에 의해 주가가 형성되는 '유통주'는 적어지고 결과적으로 일본의 주식시장은 정책적 의도에 의한 매매로 주가가 변동하기 쉬운, 바닥이 얕은 시장이 되어 버렸다.

1990년대 이후 금융기관은 부실채권 처리에 쫓겨 투자 가치를 갖지 않는 주식을 대차대조표에 계속 올릴 수 없게 되었다. 회사 측도 자기자본이 충실하고 자금 조달 방법이 다양화됨에 따라 은행에 의존할 필요성이 낮아져, 주식을 안정적으로 보유시키지 않아도 좋은 상황이 발생하고 있다. (또는 주식을 보유하고 있으면서도 융자해 주지 않게 된 상황도 있을지 모른다.) 그 움직임이 금융 재편을 통해 한꺼번에 가속되어 지금까지 남극대륙의 얼음처럼 동결되어 움직이지 않던 주식이 유동화되고 시장에 방출되기 시작한 것이 일본 주식시장의 현재이다. 그로 인해 얼마간은 일본 주식시장이 과도적인 난기류 안에 놓여질 것이므로 지금까지 설명해온 주가 산정 방법으로는 잘 설명할 수 없는 방식으로 주가가 형성되는 일도 충분히 있을 수 있다.

그럼에도 경제의 글로벌화 속에서 일본 기업이 활약하고 있는 이상, 그리고 일본시장이 세계 경제 속에서 무시할 수 없는 규모를 유지하는 한, 일본 주식시장도 글로벌 스탠더드 내지는 아메리칸 스탠더드에 접근할 수밖에 없다. 외국계 증권회사나 기관투자가의 활약의 장이 넓어짐에 따라 시장에서의 실제 주가 형성도 본 장에서 설명해온 기본적 골조 속에서 이해·설명할 수 있는 사례가 늘어날 것으로 기대된다.

역설적인 이야기지만 주가 형성이 합리적으로 이루어지지 않고 있는 시장이란 주식으로 대박을 터뜨릴 기회가 큰 시장이다. 그 왜곡에 일찍 눈뜬 사람은 그 왜곡이 시정되어가는 과정에서 차익 거래를 할 수 있다. 미국의 시장에서 단련되어온 프로 투자자들에게, 미국식으로 변화해가는 과정에 있는 일본의 주식시장에 많은 기회가 굴러다니는 것으로 보이는 것도 신기한 일은 아니다.

제5장

회사 가격 결정의
실제 2—회사를 인수하는 경우

지금까지 설명했던 '경영 재무의 공통 언어' '기업 가치 산정의 기본 원리'
'시장에서의 가격 산정'의 모든 것이 인수 가격을 산정하는 작업의 기초가
된다. 그런 의미에서 M&A 활동은 경영 재무상 모든 문제를 집대성한 것이
라고 할 수 있다.

M&A라는 단어는 최근 완전히 정착되어 매일같이 신문과 TV 뉴스에 오르내리게 되었다. 그러나 M&A에서 인수 가격 산정이나 협상 진행 방법의 실제에 관해서는 극히 일부 전문가들의 특수한 세계라는 심리적 벽이 있고, 그 역동성을 알기 쉽게 설명한 책도 별로 눈에 띄지 않는다.

여기서부터는 회사를 통째로 사고팔 때의 가격 산정에 관하여, M&A라는 경제 행위가 대체 무엇인가라는 원론으로 돌아가 해설할 것이다.

지금까지 설명했던 '경영 재무의 공통 언어' '기업 가치 산정의 기본 원리' '시장에서의 가격 산정'의 모든 것이 인수 가격을 산정하는 작업의 기초가 된다. 그런 의미에서 M&A 활동은 경영의 재무적인 모든 문제를 집대성한 것이라고 할 수 있다. 모두에서 소개했던 합병 해소 협상의 일화를 읽고, '전문용어가 많아서 무슨 소린지 잘 모르겠다'고 느꼈던 독자들도 지금 되돌아가 다시 읽어보면 브랜드 가치에 관한 나의 반론 내용을 자연스럽게 이해할 수 있을 것이라 기대한다. 이제부터는 그 교섭에서 '미래 현금흐름 계획을 세워 현재가치가 얼마가 될지 탁상 공론하는' 상황에 빠졌을 경우의 회사 가치 산정 방법에 대해 설명한다.

우선 본 장에서는 M&A에서 회사 가치를 산정하는 순서와 방법을 개괄한다. 다음 장에서는 M&A라는 방법이 자본주의 원리원칙에 입각한 것으로, 경제가 성장하고 활성화되기 위한 전형적인 방법이라는 것을 실무적 관점에서 해명한다. 제7장에서는 회사의 '적정' 가치가 인수자에 따라, 사용하는 재무 방법에 따라 달라지는 이유를 구체적인 예를 써서 해설한다. 그리고 제8장에서는 그러한 사고방식이 '좋은 M&A'란 무엇이며 어떻게 M&A 교섭을 실시하는가, 에 대한 대답으로 자연히 이어진다는 것을 보여주고 싶다.

한마디로 M&A라고 하지만 그 형태는 다양하다. 합병, 주식 매수, 자산 인수, 자본 참가, TOB, 기업 분할 등 M&A에 관한 용어는 여러 가지이고, 그 구별은 대부분 법률, 회계, 세무 문제이다. 서점에 늘어선 M&A 해설서는 그 분야의 전문가가 쓴 것이므로 이들 용어와 형태의 차이나 특징을 논하는 것이 많다. 때문에 'M&A는 전문적이고 복잡하다'는 인상을 주기 쉽고, 많은 사람들에게 M&A 활동에 대해 거리감을 준다.

그러나 애초 무엇 때문에 그러한 거래를 할까, 라는 관점에서 본다면 위에 서술한 M&A 활동은 모두 회사나 사업 부문에 가격을 매겨 매매하거나 교환하는 행위로서, 최종적으로는 주주 입장에서의 투자 가치를 얼마나 높이는가, 라는 관점이 그 시작이라는 것을 알 수 있다.

이 책에서는 기업 가치, 회사 가치의 평가라는 M&A 본질에 초점을 맞춰 회사 전체를 매매할 때 사용하는 평가법과 방법 이야기로 들어가기로 한다. M&A의 여러 형태에 관해서는 권말 관련 용어집에서 간단히 정리했으니 참고하기 바란다.

▶ 1. 시장의 평가와
인수 가격 평가의 차이

사는 입장에서 보면 주식 투자나 M&A나 그것을 통해 투자수익을 올리는 것을 목표로 하여 회사 가치를 산정한다는 점은 같다. 주식이라는 소액화된 회사 지분의 가격 산정 방법이 기본적으로 회사 전체의 가격을 평가하는 방법과 다르지 않다는 것이다. 방법에 차이는 없지만 그 절차, 진행, 숫자를 놓는 방식이 다르기 때문에 결과적으로 산정 가격도 달라진다.

절차와 진행 방법상의 차이

M&A에서의 회사 가치 평가는 주식 투자에서의 주가 평가보다도 상세한 데이터에 근거하여 더욱 심화된 형태로 이루어진다. 구체적으로는 아래의 두 가지 점을 평가 작업상의 커다란 특징으로 볼 수 있다.

1. 대상 회사의 자산·부채 내용, 시가 평가가 보다 세밀하게 행해진다(듀 딜리전스 또는 현장 및 자산 실사).

일반적으로 제공되는 정보만으로는 그 회사의 실체를 정확히 파악할 수 없다. 사는 입장에서는 충분한 정보 제공도 없이 '일단 가격을 매겨 돈을 내라'고 해서 덥석 인수를 결정하지는 못한다. 한편 파는 입장에서는 모든 것을 속속들이 보여주고나서 '아무래도 인수를 못 하겠다'고 한다면 그 후의 사업 수행에 지장을 줄 수 있으므로 간단히 모든 것을 보여줄 수도 없는 일이다.

그러한 경우는 통상 비밀 엄수 계약을 체결하여 인수 목적 이외로 정보를 사용하지 않을 것, 인수하지 않기로 결정한 경우는 모든 자료를 반환할 것, 만일 대상 회사가 상장회사라면 시장에서 대상 회사의 주식을 매매하지 않을 것 등을 약속한다. 그러나 '비밀은 지킵니다. 인수 목적 이외에는 사용하지 않겠습니다'라고 서면 약속을 해도 별로 강제력이 없다는 사실은 부정할 수 없다. 그래서 상대가 진지하게 인수를 검토하고 있음을 확인하기 위해 서면을 주고받는 방법이 통상 채택된다. 이 서면은 의향서(Letter of Intent, LOI), 양해각서(Memorandum of Understanding, MOU)라 불린다. 인수 협상에서 중요한 조건 항목에 관하여 쌍방의 합의점을 정리한 의사록 같은 것으로 그 자체는 계약서와 달리 법적 구속력을 갖지 않는다. 말하자면 신사협정과 같은 것인데, 완전히 알몸이 되는 시점에서 인수측의 진정성, 쌍방 주장의 격차 등을 확인할 수는 있다. 특히 인수 후보가 여럿일 경우 그 중에서 더욱 심화된 교섭을 할 상대를 골라내기 위해서는 효과적인 수순이다. 그런 절차를 밟은 뒤 인수 측은 일반에 공개되지 않은 회사 내부 자료까지 열람하고 조사하는 것이 허용된다. 재무제표에 나타나 있지 않은 채무가 없는지, 법률 위반 행위로 장차 뜻밖의 손해가 발생하지는 않을지 등에 대해 회계법 인이 법무법인을 동원하여 방대한 양의 내부 자료를 조사한다.

2. 대상 회사의 미래 수지 예상이나 중장기 사업계획이 평가에서 중요한 역할을 한다. 특히 미래 현금흐름이 가격 평가의 중요한 열쇠가 된다. 인수한 뒤에도 관리직을 포함해 많은 사원이 그 회사에서 일을 할 것이므로 그들 자신이 회사의 예산, 장래 계획에 관해 어떤 그림을 그리고 있는지 조사하는 것이 중요한 포인트이다. 기업 가치는 미래 현금흐름의 현재가치라고 거듭 강조해온 것에서도 이 정보가 평가에 얼마나 중요한가를 알 수 있을 것이다.

미래 예상 수치가 중요한 것은 주식 투자에 있어서도 마찬가지이다. 그러나 장래 전망에 관해 경영진이 세세하게 일반 대중에게 밝히는 것은 실무상으로나 법률상으로나 그다지 장려되지 않는다. 경영진이 확실히 약속할 수 없는 미래에 대해 이야기하고, 투자자는 그것을 믿고 주식을 매매한 경우 '회사 사정을 가장 잘 알고 있는 경영자의 말을 믿었는데 배신당했다' '아니다, 꼭 그렇게 된다고 약속한 것은 아니다'라며 두고두고 갈등의 원인이 될 수 있기 때문일 것이다.

회사의 **가격 자체**가 달라지는 이유

주가가 시장원리에 근거해 정해지는 것이라면 주식의 시가총액이야말로 시장이 정한 회사의 적정 가격이 될 것이다. 그런데 M&A가 이 가격에서 이뤄지는 일은 별로 없다. M&A 가격은 시가총액보다 높은 것이 보통이지만 더 낮은 가격으로 팔리는 일도 있을 수 있다.

주식 시가총액보다 낮은 가격이 M&A 적정 가격이 될 수 있는 이유는 크게 다음 두 가지로 볼 수 있다.

하나는 상장 주식과 달리 100% 회사를 매수하는 경우 그 투자의 유동성이 없어지기 때문에 발생하는 디스카운트이다. 주식이라는 세분화된 지분은 유동성이라는 강점을 갖고 있다. 시장에 상장되어 있는 이상 언제라도 팔 수 있다. 게다가 소액화 되어 있기 때문에 투자자는 적은 자금으로도 투자할 수 있고, 따라서 회사를 통째로 살 정도의 자신이나 자금이 없는 투자자들도 참가할 수 있다. 이러한 출입의 자유도가 높은 투자 상품은 그 유동성 때문에 회사 가치를 주식 수로 나눈 가격보다 높은 값으로 주가가 형성된다고 해도 이상하지 않다. 이것은 '유동성 프리미엄Liquidity Premium'이라 불린다.

두 번째는 일본 주식시장에는 주식 보합이나 안정화로 인해 '동결' 상태에 있는 주식이 상당히 있다는 특수 사정 때문이다. 제한된 수의 유통 주식이 작은 컵 속을 빙빙 돌고 있는 것 같은 상황에서 형성된 주가에, 동결 상태의 주식과 실질적으로 투자자금을 부담하고 있지 않은 보합 주식을 포함한 발행주식 총수를 곱하여 시가총액을 산출한다면, 그것은 거품일 수 있다. 실제로 이 원고를 쓰고 있는 2001년 전반기, 일본의 정재계는 온통 보합주 해소 매도로 인해 주가가 무너지지 않을까 하는 우려뿐이다. 동결되어 있는 주식이 시장에 방출되어 주가가 내려가는 사태에 대해 정재계가 진지하게 고민하고 있다는 것은, 주식 시가총액이 진정한 회사 가치를 나타내고 있지 않다고 모두가 인정한다는 말이나 다름없다. 그 상태 그대로 '개인 투자자를 주식 투자로 더욱 유도하자'고 했을 때 주저하게 되는 것은 나뿐일까.

일본의 회사 시가총액에 거품 문제가 없다고 하면 회사를 통째로 사는 가격이 시가총액보다 높아지는 것은 상식적으로 이해할 수 있을 것이다. 그것은 100% 매수하면 회사의 지배권을 갖게 되기 때문이며, 그 지배권에 걸맞게 얹히는 금액을 '컨트롤 프리미엄Control Premium'이라 부른다.

주식에는 원래 의결권, 즉 주주총회에서 한 표를 던질 권리가 수반되지만, 통상적인 투자자 주주는 거기에 큰 가치를 두지 않는다. 그런데 회사 주식의 과반수 또는 2/3 이상을 가지면 그 '덩어리'로서의 주식이 갖는 의결권은 엄청난 의미를 갖는다. 회사의 경영 책임을 지는 대표이사 선임권이나 회사 중요사항 결정권을 갖기 위해 프리미엄을 지불하는 것은 당연하다고 이해할 수 있다. 그러면 지배권의 가격은 어떻게 결정되는 것일까? 이 질문은 M&A의 본질을 이야기하기 위한 가장 중요한 포인트이므로 다음 장에서 찬찬히 그 내용을 해명하기로 한다.

이렇게 주식 공개로 대표되는 유통시장에서의 회사 가치 평가 금액과 M&A라는 닫힌 세계에서의 회사 가치 평가 금액은 그 진행 방법의 차이로 인해, 유동성으로 인해, 그리고 지배권이 수반된다는 점으로 인해 달라질 수 있다. 그럼에도 두 평가 방법은 서로 밀접하게 얽혀 있다.

▶ 2. 교과서적인 방법과 실무 전문가의 방법

전통적인 기업 가치 산정법

일반적인 M&A 교과서에는 인수 가격의 산정 방식으로 몇 가지 방법이 설명되어 있다. 그것들은 유사 회사 대조 방식, 유사 거래 대조 방식, 현금흐름 할인DCF 방식 등으로 불리는 전통적 방법이다. 우선은 이들 산정 방식의 내용과 각각의 유의점을 간단히 정리해두자.

유사 상장회사 대조 방식

앞서 제4장에서 설명한 산정 방식이다. 이미 상장되어 있는 회사의 시가총액이 회사 가치와 일치한다는 전제하에 평가 대상 회사와 비슷한 회사를 고르고 그들의 PER, EBIT, EBITDA 배율을 대상 회사의 실적 수치나 예상 수치에 곱하여 평가액을 산출한다.

예를 들어 A사라는 비상장기업의 회사 가치를 세 개(X, Y, Z)의 유사한 상장기업을 써서 산정하는 순서를 보면 **[5.1]**과 같다. 배율은 다양하게 나오므로 통상적으로 비정상적인 수치를 제거한 뒤 이들을 단순 평균한 것을 사용한다. 이 사례의 경우 A사의 기업총가치는 1,620억엔, 실제로 주식을 매수하는 대가로서의 회사 주식 가치는 1,180억엔으로 산정된다.

5. 1 유사 상장회사 대조 방식의 평가

A사 재무제표가
우측과 같다고 하자

EBITDA	170억엔
EBIT(영업이익)	70억엔
세후당기순이익	30억엔
순부채	400억엔

유사 상장회사의 현재 배율을 시가총액을 근거로 산정한다

(단위 : 배)

	X사	Y사	Z사	3사 평균
EBITDA배율	9.2	9.8	11.0	10.0
EBIT배율	18.0	22.0	26.0	22.0
PER	25.0	35.0	50.0	36.7

각각을 곱하여 A사 기업총가치 및 회사 가치를 산정한다

	재무지표		대조 배율		기업총가치	순부채		회사 가치
EBITDA 대조	170	×	10.0	=	1,700	− 400	=	1,300억엔
EBIT 대조	70	×	22.0	=	1,540	− 400	=	1,140억엔
PER 대조	30	×	36.7				=	1,100억엔
		평균치	1,620					1,180억엔

유사 상장회사 대조 방식의 전제 및 문제점으로 다음 세 가지를 들 수 있다.

1. 유동성 있는 주식의 주가로부터 산출된 주식 시가총액이 일괄 매매인 M&A에서도 같다는 전제에 서 있으므로 주가에 포함된 유동성 프리미엄만큼 평가액이 비싸진다.

2. 유사 회사로 선택한 회사의 유통 주식이 적어 거래량이 적은 경우 시장에서 형성되는 주가가 비싸게 왜곡될 가능성이 있다. 그럴 경우 산출된 배율도 높아지고 따라서 A사의 평가액도 높게 산출된다.

3. 주가는 회사 경영에 참가하지 않는 투자자가 시장에서 형성하는 가격이므로 당연히 M&A의 중심 과제인 지배권의 가격(컨트롤 프리미엄)이 반영되지 않는다. 이 방법에 의해 가격을 교섭하는 경우는 별도 컨트롤 프리미엄으로 얼마나 더할 것인가를 검토하지 않으면 안 된다.

유사 거래 대조 방식

과거에 이뤄진 M&A 사례에서 비슷한 피인수 회사에 대해 얼마의 가격이 지불되었는가를 바탕으로 유사 회사 대조 방식과 비슷한 각종 배율을 계산하여 그들 배율을 대상 회사의 수치에 곱하여 평가액을 산출하는 방식이다. 집이나 토지를 매매하는 경우 최근 인근의 비슷한 부동산이 얼마에 거래되었는가를 참조하는 것과 같은 사고방식이라고 할 수 있다.

앞의 A사 예를 사용하고 최근의 유사 인수 사례로 T사 인수 케이스를 비교 대상으로서 골랐다고 하면, 가격 산정의 수순은 [5.2]와 같고, 산정된 회사 가치는 1,780엔이 된다. 유사 회사 대조 방식으로 산정된 가격보다 51% 높아지는데, 이것이 통상 다음 장에서 상세히 검토할 컨트롤 프리미엄에 상당하는 것으로 간주된다.

유사 거래 대조 방식에 있어서는 다음의 두 가지가 포인트가 된다.

1. 실제 M&A시장에서의 거래를 참조하고 있기 때문에 컨트롤 프리미엄을 포함한 가격으로 상정할 수 있다는 장점이 있다.
2. 다만 실제 M&A 거래는 주관적인 개별 사정이 얽혀 있으므로 유사 거래로 상당히 많은 사례를 검토하지 않으면 객관적 지표로서 기계적으로 참조하는 데 위험이 따른다. 거래 내용이 공개되어 입수할 수 있는 정보도 제한되어 있고 거래가 발생한 시기의 시장 배경도 감안하지 않으면 현재 거래에 그대로 적용할 수는 없다.

5. 2 유사 거래 대조 방식의 평가 수단

EBITDA	100억엔
EBIT(영업이익)	40억엔
세후당기순이익	15억엔
순부채	200억엔

매수되기 직전기의
T사 재무지표

T사의 매수가격   1,000억엔

역산에 의한 T사 매수 배율

       EBITDA 대조 $(1{,}000 + 200) \div 100 = 12.0$배

       EBIT 대조 $(1{,}000 + 200) \div 40 = 30.0$배

       PER 대조 $1{,}000 \div 15 = 66.7$배

역산으로 구한 배율을 A사에 적용

	재무지표		대조 배율		기업총가치		순부채		회사 가치
EBITDA 대조	170	×	12.0	=	2,040	−	400	=	1,640억엔
EBIT 대조	70	×	30.0	=	2,100	−	400	=	1,700억엔
PER 대조	30	×	66.7					=	2,000억엔
	평균치				2,070				1,780억엔

유사 상장회사 대조 방식에 의한
산정가격 1,180억엔에 대한 프리미엄 = 51%

현금흐름 할인(DCF) 방식

미래 현금흐름의 현재가치를 산출한다는 원리원칙 그대로의 평가
방법이다. 지금까지는 간편법으로 일정한 성장률로 영구히 사업이 계속
되는 것으로 놓고 PV = C / (r − g)를 사용해왔지만 실제로 미래 5~10

년의 수지와 현금흐름을 예상하고, 인수 대상 회사의 사업 리스크를 감안한 할인율을 적용하여 현재가치로 바로잡는 방법이다. 권말의 용어집에서 간단한 예를 들어 DCF 방식의 구조를 해설하였으므로 산출 방법의 일반공식에 관심 있는 독자는 참고하기 바란다.

DCF 방식은 회사 가치 평가법의 기본으로, 다음에 설명할 실무자의 평가법도 이 틀을 사용한다. 구체적인 산정 방법에 관해서는 '제7장 M&A 현장 실황 중계'에서 자세히 설명한다.

이 평가법은 경영대학원에서 다루는 방법인데, 실제 이 방법으로 가격을 산정해보면 회사 가치를 정확하게 산정하여 '이것이 맞는 가격입니다'라고 자신 있게 단언하는 것에는 용기가 필요하다는 것을 알 수 있다. 그것은,

1. 수지 예상을 어떻게 작성하는가
2. 얼마나 장기간의 예상을 하는가
3. 그 수지 예상 기간 이후의 사업가치(터미널 밸류, Terminal Value)를 어떻게 놓는가
4. 할인율을 어떻게 상정하는가

에 따라 현재가치가 크게 요동치기 때문이다. 각각의 사항에 대해 '이러해야 한다'는 정답은 없다. 따라서 가격 산정을 하는 사람의 주관적 판단이 개입될 여지가 상당히 많은 방식이라고 하지 않을 수 없다.

통합 모델

나는 전술한 각각의 산정 방식을 별개의 방법으로 보지 않고 DCF 방식 안에 통합시킴으로써 전체적으로 설득력 있는 산정 방식이 된다고 생각한다.

이제부터 설명할 매수 가치 산정 방식은 본 고장의 재무 전문가들이 실제로 사용하는 방법에 상당히 가깝다. 사고방식은 다음 4단계로 이뤄진다. 제7장에서는 구체적인 회사를 상정하여 실무가들이 어떻게 회사 가치, 즉 인수 가격을 산정하는가를 숫자를 사용하여 현실감 있는 형태로 검토한다. 숫자로 이해하는 데 익숙한 독자는 제7장을 참고하면서 본 절의 내용을 확인하는 것이 머리에 더 잘 들어올 것이다.

STEP 1 향후 5년간의 사업 계획이 기본

우선은 5년 정도의 수지 예상, 자금 조달 예상을 대상 회사의 경영진으로부터 받는다. 5년이라는 숫자에 특별한 의미는 없다. 상황에 따라 3년이나 10년도 상관없다. 다만 M&A의 경우 처음 2년 정도는 신체제 정비 기간이며, 3년째부터 인수 효과가 수치로 나타나기 시작해 5년째 정도에 안정 궤도를 오른다고 상정하는 것이 적당하다고 보기 때문에 나는 5년을 선호한다.

기초가 되는 수지 예상, 현금흐름 예상으로 현 경영진이 작성한 것을 사용하는 것에 관해서는, 파는 쪽은 되도록 높은 값으로 팔고 싶기 때문에 장밋빛 수지 예상을 내놓을 것으로 생각하는 편이 자연스럽다. 다만 매각 대상이 된 회사나 사업부문의 경영진은 인수 협상 과정에서 미묘한 입장에 놓인다. 매각된 이후에 계속 경영을 맡을 가능성도 있기 때문에 엉성하게 예상하면 자신의 식견이나 능력을 의심받을 수도 있다는 것이다. 사는 쪽에서는 전제가 느슨한 것, 두껍게 화장한 것은 날카롭게 질문하여 확인한 다음 수지 계획을 무리 없는 방향으로 수정할 필요가 있다. 이렇게 미래 현금흐름에 관해 파는 쪽과 사는 쪽이 현 경영진을 중심으로 공통의 토양을 가질 수 있다면 DCF 방식의 현재가치는 합의점을 찾기 쉽다.

STEP 2 최종연도의 기업 가치는 유사 회사에서

수지 예상은 결국 예상이고, 특히 변화가 심한 오늘의 사업 환경에서 너무 장기간의 예상을 하려고 하는 것도 큰 의미가 없다. 그래서 5년 정도로 자르는데, 그렇게 되면 그 이후의 사업가치(터미널 밸류, Terminal Value)에 대한 산정이 필요해진다. 이 산정에 유사 회사 대조 방식(EBIT-DA 배율 또는 EBIT 배율)을 이용한다. 수지 예상 기간이 5년이라면 5년 후에 주식 공개 또는 회사 매각을 하여 투자금을 회수하는 것으로 상정하는 것이다. 유사 회사로는 5년 후 그 회사와 유사한 것을 택한다.

영구히 현금흐름이 늘어난다는 전제를 두고, 그 시점 이후 현금흐름의 현재가치를 제2장에서 설명한 영구채권의 현재가치 정의식으로 산출하는 방법도 있지만 영구히 성장하는 전제로서의 성장률 g를 어떻게 놓을 것인가에 따라 크게 가치가 요동치고, 파는 쪽과 사는 쪽의 탁상공론이 될 가능성이 높다. 그보다는 주식시장이 객관적으로 인식하고 있는 가격 수준을 사용하는 편이 더 설득력이 있다.

STEP 3 유사 거래 사례로 평가액을 검증

STEP 1과 STEP 2의 현금흐름 및 터미널 밸류의 현재가치의 합계액이 기업총가치가 된다. 이 평가액을 근거로 최근의 실적·예상 수치를 사용하여 EBIT 배율, EBITDA 배율을 역산해본다. 예컨대 기업총가치가 100억엔으로 산출되고, 전년도 EBITDA가 7억엔이라면, 이 평가액은 EBITDA 배율 14.3배(100÷7)가 된다. 유사 회사의 EBITDA 배율이 10배라고 하면 43%의 프리미엄이 붙은 평가금액인 셈이다. 최근의 비슷한 M&A 거래에서 프리미엄 평균이 30%라고 하면 이 거래에는 왜 그보다 높은 프리미엄이 필요한지 검토해야 한다. 수지 예상의 전제에 문제가 있든지, 유사 회사의 선정 방식에 문제가 있든지 둘 중 하나일 가능성이 있다. 물론 유사 거래와는 사례가 다르기 때문에 이 사안의 경우 43%의 프리미엄이 정당하다는 결론이 날 수도 있다.

STEP 4 기업 가치를 회사 가치로 수정

이렇게 산정한 기업 가치는 '알몸'의 기업 가치(기업총가치)이므로 실제로 주식의 대가로 지불하는 금액은 '순부채' 만큼을 조정한다. 기업총가치에서 순부채 금액을 빼면 인수 대상 회사의 가격, 즉 회사 가치가 산출된다는 것은 제3장에서 설명한 대로이다. 잉여의 현금이 대차대조표에 올라 있으면 회사의 가격은 그만큼 오르고, 역으로 차입금을 그대로 계승하는 경우 그만큼 인수 금액에서 뺄 필요가 있다. 실제 M&A에 있어서는 이 단계에서 살짝 비틀림이 가해진다. 다음에서 자세히 설명한다.

▶ 3. **회사**의 **숨겨진 비밀**을 찾아낸다

주가 평가의 경우 입수할 수 있는 자료에 한계가 있기 때문에 통상 외부차입금에서 현금등가물을 뺀 것을 순부채로 한다. 그러나 M&A 에서는 보다 상세히 대상 회사의 대차대조표와 사업 내용을 분석, 평가할 필요가 있고 또 그것이 가능하다. 그 결과 발견되는 많은 문제점은 매수 가격의 조정 요인으로서 앞의 STEP 4에 반영되어 가격 협상이나 계약 협상의 대상이 된다.

듀 딜리전스라는 절차

기업을 인수할 때는 통상 외부 전문가로 변호사 및 회계사, 세무사 등이 검토팀에 합류한다. 그들의 역할에 관해서는 제8장 2절에서도 다루겠지만 그 중 하나가 듀 딜리전스(Due Diligence, 현장 및 자산 실사)라 불리는 작업이다.

회계사, 세무사는 가격 평가의 전제가 되는 재무제표 내용을 상세히 검토하여 대차대조표나 손익계산서에 적절히 반영되어 있지 않은 자산과 부채, 비용 등을 발견한다. 예컨대,

- 매각금으로서 계상되어 있는 자산, 재고로 계상되어 있는 자산 가운데 실제로는 회수 불가능, 판매 불가능한 것이 포함되어 있는가. 그것들이 매출을 부풀려 제조원가를 작게 보이게 만들고 있지 않은가.
- 유형자산, 무형자산의 시가와 장부가 사이에는 어떤 차이가 있는가
- '이연자산'이라는 형태로 본래 비용으로 처리해야 할 손실이 뒤로 미뤄지고 있지 않은가
- 대손충당금이나 퇴직급여충당금은 적정하게 적립되고 있는가
- 세무신고가 적정하게 이뤄지고 있고 거액의 추징과세를 당할 만한 문제는 없는가
- 대차대조표에 계상되지 않은 부채(리스채무나 퇴직급부채무)는 어떻게 되어 있는가

와 같은 항목이다.

변호사도 마찬가지로 회사가 적법하게 운영되고 있는가, 계약 등에서 커다란 이행의무나 손해배상 책임의 리스크가 발생하지 않는가를 조

사한다. 예컨대 다음과 같은 항목이다.

- 회사의 의사결정은 적법하게 이루어지고 있는가. 주주총회나 이 사회의 결의·승인을 얻지 않고 사업 활동을 하여 나중에 무효가 되거나 한 일은 없는가
- 사업운영에 불가결한 계약관계가 불명확하거나 언제 일방적으로 파기 당할지 모르는 상황에 있지 않은가
- 대량으로 판매한 제품에 결함이 있어 제조물책임을 추궁당하거나 산업폐기물을 흘려보내 정부나 지역주민에게 손해배상책임을 추궁당할 위험은 없는가
- 직원의 직장 환경 정비에 관한 기준을 지키지 않은 결과 직원이 건강을 해쳐 그 보상이 필요해지는 사태는 일어나지 않는가

간과하기 쉬운 가치

이러한 전문가에 의한 듀 딜리전스에 더하여 인수 가격 산정을 위해 이 단계에서 인수자 자신, 또는 투자은행 등의 재무 전문가가 또 한 가지 중요한 작업을 할 필요가 있다. 그것은

'미래 현금흐름 창출에 직접 관계가 없는 자산·부채의 구별'이라고 부를 수 있는 작업이다.

회사가 보유하는 자산에는 현금등가물 이외에도 사업 현금흐름 창출에 직접 공헌하지 않는 자산이 있다. 여유자금 운용을 위해 투자하고 있는 주식이 그 전형적인 예이고, 보유 부동산 중에도 사업 지속을 위해 불가결하다고 할 수 없는 자산이 있을 수 있다. 사원을 위한 휴양시설, 회원권 등이 그 예이다. 또한 자동차 회사나 컴퓨터기기 회사의 대차대조표에는 리스채권과 같은 형태로 금융사업 자산이 있기도 하다. 이 사업에서 나오는 수지가 '금융수지'로 영업이익에 계상된다면 순부채의 계산상도 '현금등가물'로 취급하지 않으면 안 된다.

이들 자산·부채는 적정한 시가를 산출한 뒤에 매수 금액 조정 항목으로 협상 대상이 되는 일이 많다. 즉 순부채 조정 같은 작업을 협상을 통하여 하는 것이다. 가격에 어떻게 반영해야 하는가는 세무상의 효과 등도 고려하는 치밀한 작업이 필요하므로 회계법인 등 전문가의 능력이 필요하다. 그러나 사업의 현금흐름 창출에 관계 있는 자산과 그렇지 않은 자산을 구별하여 대상 회사의 군살을 빼면 어떤 모습이 되는지는 인수 당사자가 제대로 확인하지 않으면 안 된다.

교과서대로 미래 현금흐름의 현재가치로 회사의 기업 가치를 산정하면 이러한 자산가치나 숨겨진 부채를 고려하지 못하기 쉽다. EBITDA 배율 등으로 기업총가치를 산출한 경우, {차입금 − 현금등가물}을 순부채로 빼지만, 이 현금등가물을 획일적으로 파악하면 앞서와 같은 사업 활동에 있어 반드시 필요하지는 않은 자산의 가치를 반영하지 못하게 된다. 나 자신이 애송이 시절에 MBA 교과서에 충실하게 DCF 방식으로

산출한 가격을 근거로 협상을 진행하다가 매각자에게 평가에서 빠져 있

는 자산의 존재를 지적당해 횡설수설해야 했던 아픈 경험이 있다.

▶ **column**

알몸이 될 수 없는
일본 기업

일본 회사는 좀처럼 매각 대상이 되지 않는다, 라는 이야기를 자주 듣는다. 일반적으로 공동체인 회사를 사고파는 것은 인신매매 같은 것이라 일본의 풍토에 맞지 않기 때문이라고들 하지만, 나는 그 이유 중 하나가 듀 딜리전스의 프로세스에 있지 않은가 하는 의문을 항상 품고 있다. 외부 전문가들이 대거 몰려와 회사 서류를 속속들이 파헤치는 모습을 상상하면 어떤 경영자도 좋은 기분은 아닐 것이다.

물론 파는 쪽에서 '공개할 수 있는 자료는 이것뿐'이라고 말하면 그 이상으로 수색 당하는 일은 없다. 그러나 이 경우 통상 인수계약서 안에 '공개 자료에 거짓은 없습니다. 감추고 있는 중요 사실도 없습니다'라고 약속해야 한다. 회사 인수 후에 그 문제가 드러나면 계약 위반, 손해 배상 문제가 되므로 시치미를 떼는 것은 오히려 위험하다.

실제로 회사 내용을 적나라하게 공개한 경우, 꽤 많은 '일류' 회사가 선대로부터 이어받은 채 봉인되어 있던 문제를 안고 있거나 회사로서 불리한 사건을 공표하지 못하고 있기도 하다. 이것은 우연일지도 모르지만, 외국 회사가 최종 계약에 이르는 교섭 과정에서 듀 딜리전스를 실시했다는 것은 분명하며, 그 프로세스 덕택에 봉인되어 있던 문제를 공표하지 않을 수 없게 된 것은 아닐까, 하고 상상하고 싶어진다. 그 문제 발표 후 회사의 가격은 급락했다. 결과적으로 외국 회사는 당초의 상정 가격보다 싼 가격에 자본 참가가 가능하게 되었다. 리콜 은폐 문제가 계약 조인이 끝나고 자본 참가의 주식 대금 지불 후에 발각되었다면 어떻게 될까. 외국 회사는 자기네가 주식을 취득한 직후에 주가 폭락을 경험하게 될 것이다. 그러한 사태를 미연에 방지하는 것이 듀 딜리전스를 실시하는 본래 목적이라고 한다면 이 결과는 어쩔 수 없다.

일본 회사가 매각을 꺼리고, 수치로 여기는 풍토에는 다양한 배경이 있겠지만 사실 이러한 이유로 알몸이 될 수 없는 일본 기업이 상당히 있는 것으로 생각된다. 그렇다면 회사 매각을 검토할 수 있는 일본 기업은 숨기려야 숨길 수 없게 된 문제 회사와 알몸이 되기를 꺼리지 않는 청렴 결백한 경영을 하고 있는 회사, 이렇게 양 극단으로 나뉘게 된다.

▶ 4. 주주를 납득시키는 인수 가격

주가 희석 – 주주이익이 희석된다는 것은

　인수 가격의 타당성을 최종적으로 결정하는 것은 누구일까? 그것은 경영진도, 이사회도, 외부 전문가도 아니다. 바로 회사의 소유자인 주주이다. 그것은 회사의 합병·인수와 같은 중요한 안건은 주주총회에서 승인을 얻어야 하는 경우가 많기 때문이며, 이사회 임원들은 주주 이익이라는 입장에서 합병·인수의 옳고 그름을 판단하는 입장에 있기 때문이다. 따라서 사는 쪽 경영진이 인수 가격은 타당하고 자사 입장에서 옳은 경영 판단이라는 것을 이사회 및 주주에게 납득시키는 것이 중요한 과제가 된다. 인수를 발표한 순간 사는 쪽 회사의 주가가 내려가는 사태가 발생한다면 경영진으로서는 손해를 입은 주주에게 책임을 추궁당할 것을 각오하지 않으면 안 된다.

　보통, 투자자 주주는 설령 기관투자가라 할지라도 인수 대상 회사의 재무 내용, 컨트롤 프리미엄을 정당화하는 근거 등에 관해 상세하게 분석하지 않는다. 그러면서도 그들은 인수 발표가 나면 인수한 회사의 주식에 대해 '사자' '팔자'로 판단한다. 이러한 주주, 투자자에 대하여 간단하게 인수 금액의 타당성을 설명하는 방법이 필요해진다.

그 검증 지표의 대표적인 것이 '주가 희석 효과dilution effect'로 이것은 인수를 함으로써 인수측 회사의 1주당 이익이 저하되는가(희석되는가) 여부를 확인하는 방법이다.

회사를 인수하면 사는 쪽 회사의 손익계산서에는 어떠한 변화가 나타날까? 우선 인수 자금을 조달하지 않으면 안 되므로 그 자금 조달 비용이 계상된다. 그리고 영업권 상각이라는 회계상 비용이 발생한다. 영업권 상각의 구조는 조금 복잡하지만 다음과 같이 되어 있다.

인수 대상 회사의 순자산금액을 초과하여 인수 금액을 지불한 경우, 그 차액만큼은 '브랜드' '영업권'이라는 무형자산으로서 인수 회사의 자산에 계상된다(대상 회사 주식을 매수한 경우는 그 회사를 연결할 때에 이 차액이 드러난다). 이 무형자산은 설비투자와 마찬가지로 일정 기간에 상각하는 것으로 간주되고 있다. 상각기간은 미국에서는 최장 40년까지 인정되지만 통상 5년~10년 정도에 상각된다. 일본에서는 세법상 5년 균등상각이다. 예컨대 50억엔의 장부가 순자산을 가진 회사를 100억엔에 매수하면, 50억엔의 영업권이 발생하고, 이것을 5년 동안 상각하면 매년 10억엔의 손실이 회계상 발생한다.

인수하는 회사에 새롭게 더해지는 자금 조달 비용과 영업권 상각이라는 두 가지 재무비용 증가분과 인수한 회사가 올리는 이익 중 어느 쪽이 많은지를 비교하는 것이 주가 희석 분석의 핵심이다.

단순한 사례로 구체적으로 검토해보자.

A라는 회사가 무차입으로 경상이익 10억엔의 회사 T를 매수한다고 상정하고, T사의 순자산을 50억엔으로 놓자. A사는 매수 자금을 전액 5%의 비용으로 조달할 수가 있고 영업권은 5년에 걸쳐 상각한다고 상정한다. 매수 금액이 올라감에 따라 매수 자금의 지불금리와 영업권 상각의 금액이 상승하게 되어 경상이익과의 차액이 변해가는 모습은 [5.3]과 같이 시뮬레이션할 수 있다.

이 사례에서는 인수 금액이 80억엔을 넘는다면 매수함으로써 회사의 손익은 악화되는(희석 효과가 나오는) 결과가 된다.

경상이익의 10배라는 점에서 100억엔을 타당한 인수 가격으로 산정한 경우, 이 인수가 희석 효과를 낳지 않기 위해서는 인수를 통해 합쳐진 새 회사가 전체적으로 5억엔의 추가 이익을 더 창출하든가 5억엔만큼의 경비 합리화가 예상된다는 것을 주주에게 설득하는 것이 인수 제안을 하는 경영진의 책임이 된다.

합병 및 **주식 교환**에 의한 **인수** 시 **평가 방법**

희석 효과라는 단어는 인수 자금을 차입에 의존하지 않고 신주를 발행하여 조달하는 경우에 더 어울린다. 흡수 합병의 경우 흡수되는 회사 주주는 자신이 보유한 주식과 교환하여 흡수하는 회사 주식을 받는 경우가 일반적이다. 최근 인수 대가를 현금 아닌 자사 주식으로 지불하는 '주식 교환에 의한 인수'도 인정받게 되었는데 이것도 마찬가지이다. 이러한 경우 자금 조달에 따르는 이자 지급 비용이 발생하지 않고 대신에 발행주식 총수가 증가한다. 따라서 같은 금액의 이익에 대하여 나눗

5. 3 희석 효과 분석 시뮬레이션

전제 :

자금 조달 비용	5%	A
영업권 상각	5년	B
인수 대상 회사 순자산	50억엔	C

(단위:억엔)

상정 인수 금액(D)		70	80	100
자금 조달 비용	D × A	3.5	4	5
영업권 상각액	(D - C) / B	4	6	10
비용 합계		7.5	10	15
대상 회사 경상이익		10	10	10
차액		2.5	0	-5

> 인수 가격이 80억엔을 넘으면 인수 비용이 대상 회사의 이익을 웃돌게 된다 ⇒ 주주이익이 '희석' 된다

제5장 회사 가격 결정의 실제 2

셈의 분모(발행주식 수)가 커지게 되어 실제로 1주당 이익이 희석되는 것
이다.

흡수 합병이나 주식 교환에 의한 인수는 현금의 출입을 수반하지
않고 자사 주식을 마치 화폐처럼 사용하여 인수하는 방법이므로, 작은
것이 큰 것을 삼키는 형태의 인수도 가능해진다. 이러한 인수 또는 합병
제안의 타당성을 평가하는 데는 희석 효과 분석이 효과적이다.

앞서 설명한 예에서 사는 쪽 회사 A는 주식이 상장되고 있고, 주가
2,000엔, 발행주식 총수 1,000만주라고 하자. 그러면 시가총액은 다음
과 같다.

2,000엔 × 1,000만주 = 200억엔

이제 T사를 주식 교환 방식으로 매수할 경우, T사의 예정 인수 금
액을 100억엔으로 놓으면, 다음 수량만큼의 A사 주식을 T사 주식과 교
환하여 T사 주주들에게 교부하면 된다.

100억엔 ÷ 2,000엔 = 500만주

이 거래가 A사 주주에게는 어떤 영향을 끼칠까?
합병이나 주식 교환에 의한 인수의 회계 처리를 어떻게 하는가, 즉

영업권을 발생시키는가 아닌가의 문제는 생각하지 않는다. 즉, 단순히 대차대조표를 그대로 합체할 뿐 영업권은 발생하지 않는 것으로 한다.

먼저 A사와 T사의 세후이익을 각각 5억엔과 1억엔으로 가정하자.

[5.4]에서 알 수 있듯, 인수 후 A사 1주당 이익은 50엔에서 40엔으로 감소한다(희석된다). A사의 PER가 있는 그대로 40배라면 주가는 400엔 감소하여 1,600엔이 된다. 500만주의 A사 주식을 T사 주주에게 주는 이상, 인수 후 두 회사의 합계 이익도 발행주식 총수의 증가분과 같이 1.5배, 즉 7.5억엔이 되지 않으면 1주당 이익이 현상 유지되지 않는다. A사 주주 입장에서는 합병 효과에 따라 당기이익이 두 회사의 이익을 단순히 합산한 6억엔이 아니라 7.5억엔이 되거나 미래 성장성의 기대가 높아져 PER가 40배에서 50배로 올라갈 것이라는 점 등을 경영진이 제대로 설명해주지 않는 이상, 2,000엔이라는 현재 주가가 내려갈 가능성이 높기 때문에 임시주주총회에서 이 인수 거래에 찬성표를 던질 수는 없다. 이것이 희석 효과의 간단 검토 방법이다.

주식 교환은 도깨비방망이인가

일반적으로 PER가 높은 회사가 PER가 낮은 회사를 흡수 합병하면 회사 가치는 플러스가 되기 쉽다. 앞의 사례에서는 인수하는 A사의 PER가 40배로 인수되는 T사의 50배보다 낮았기 때문에 희석 효과가 문제되었지만, 반대라면 오히려 A사 주주에게 매력적인 인수가 된다. 인수되는 회사의 이익에 대해 시장이 40배가 아닌 50배라는 인수하는 회사의 PER를 적용할 가능성이 높기 때문이다. 이것은 안이한 발상에 근거한 '도깨비방망이' 같은 경우로 인수를 즐기는 회사가 많이 이용하는 방법이다.

5.4 흡수 합병·주식 교환 시 희석 효과 분석

합병 전

	A사	T사
주가	2,000엔	500엔
발행주식 총수	1,000만주	1,000만주
회사 가치	200억엔	100억엔
세후순이익	5억엔	1억엔
합병 전 1주당 순이익	50엔	10엔
PER	40배	50배

합병 조건   T사 주식 전체에 대하여 A사 주식 500만주를 발행
(주식 교환 비율 = 1 : 2)

합병 후 A사 1주당순이익의 변화

발행주식 총수는 1.5배로 늘지만…

발행주식 총수	1,500만주
세후순이익	6억엔
매수 후 1주당 순이익	40엔

합병회사의 이익은 1억엔밖에 늘지 않으므로

1주당 순이익이 50엔에서 감소된다

예상 주가

PER	40배	1,600엔
	50배	2,000엔

원래 PER가 낮은 회사가 인수되는 것이므로 인수하는 회사의 PER는 내려가야 하지만, 시너지 효과(뒤의 칼럼 참조)가 있다, 미래 전략상 맞다 등등의 이유로 PER가 내리가지 않는 현상이 종종 일어난다. 그렇다면 PER가 높은 회사는 PER가 낮은 회사를 자꾸 흡수 합병함으로써 영원히 회사 가치를 증대시켜나갈 수도 있다.

1990년대 주식 교환 형태의 대형 인수가 진행된 배경에는 미국 주식시장 호조로 성장하는 회사들의 높아진 PER가 있었다고 한다. 말하자면 PER가 높은 동안에 그 '비싸게 평가된 지폐(주식)'를 사용하여 주식끼리 물물교환을 한 것이다. 환율의 세계에서 엔고가 되면 해외여행에서 쇼핑 중 자주 지갑을 열게 되는 것과 마찬가지라고 생각하면 이해하기 쉬울 것이다. 그렇다고 해서 일본은행이 엔화를 자꾸자꾸 발행하면 인플레이션이 되어 엔화 가치가 떨어지게 되는 것과 마찬가지로 PER가 높다고 해서 주식을 자꾸 발행하면(교환하면) 주가는 떨어진다. 기존 주주는 자기 지분(1주당 순이익)이 주식 추가 발행으로 인해 희석되는 일이 없도록 안이한 흡수 합병, 주식 교환을 감시하지 않으면 안 되는 것이다.

06

제6장

M&A에 의한
가치 창출

동일한 회사에 대하여 '이 가격은 비싸다'고 생각하여 파는 쪽과 '이 가격은
싸다'고 생각하여 사는 쪽이 만났을 때 비로소 M&A가 성립한다. 그 주관
의 차이를 현재가치라는 숫자로 바꿔놓는 것, 이것이 컨트롤 프리미엄의 원
천이다.

▶ 1. 높은 가격이 왜 정당화되는가

지금까지 M&A에서의 기업 가치 산정에 대한 구체적 방법과 검증에 대해서 설명했다. 이제부터는 미뤄두었던 최대 과제에 관하여 찬찬히 들여다보기로 한다. 그것은

- 회사를 통째로 사는 가격은 주식시가 총액보다 통상 높아진다
- M&A란 회사 지배권의 매매이다
- 회사 지배권을 얻기 위해 사는 쪽은 '컨트롤 프리미엄'을 얹어서 지불할 필요가 있다

는 식으로 지금까지 다뤄온 문제이다.

일반적으로 회사 주식의 과반수, 2/3의 의결권을 가지면 회사 경영 책임을 지는 이사의 선임권이나 회사의 중요사항 결정권을 지배할 수 있기 때문에 프리미엄을 지불하는 것은 당연하다고 여겨지고 있고, 그 이상의 해설은 별로 하지 않는다.

▲

당연하다고 하더라도 그렇다면 '얼마를 더 지불하는 것이 당연한가'에 대해서 대답하지 않으면 의미가 없다. 그리고 그 금액의 산정 방식이 명확하고 납득할 수 있는 것이 아니라면 전혀 '당연하다'고 할 수 없다. 이 장에서는 이 난제에 대한 합리적인 대답을 찾아볼 생각이다.

물건의 가격은 파는 쪽과 사는 쪽 사이에 주관적 차이가 있기 때문에 형성되는 것이라는, '버리는 신이 있으면 줍는 신도 있다'는 원칙에 그 해답의 힌트가 있다. 동일한 회사에 대하여 '이 가격은 비싸다'고 생각하여 파는 쪽과 '이 가격은 싸다'고 생각하여 사는 쪽이 만났을 때 비로소 M&A가 성립한다. 그 주관적 차이를 현재가치라는 숫자로 바꿔놓는 것, 이것이 컨트롤 프리미엄의 원천이다.

회사를 인수하는 이유

'프리미엄 금액을 얹어서라도 다른 회사를 자기 지배하에 두고 싶다'는 사는 쪽의 주관적 바람, '그렇게까지 사고 싶다면 매각하는 편이 우리 회사 주주에게도 좋겠지'라는 파는 쪽의 결심. 여기에 M&A가 성립하는 이유가 있다. 여기서 잠시 회사를 인수하는 입장에 서서 '왜 수고와 비용을 들여서까지 다른 회사를 인수하려고 하는가'를 찬찬히 분석해보자. 대표적인 이유로서 다음 네 가지를 들 수 있다.

① 단순한 권력욕 · 지배욕

② 경쟁사를 삼킨다 – 수평통합

③ 거래처를 끌어안는다 – 수직통합

④ 시간을 산다 – 신규 사업 전개

이러한 이유들이 정말로 인수를 정당화하는 이유가 되는지 검증한 후에 그 이유가 지배권의 가치를 얼마로 산정해야 하는가의 대답에 어떻게 연결되는가를 검토해가자.

① 단순한 권력욕 · 지배욕

인간에게 소유욕, 독점욕이 있다는 것은 부정할 수 없다. 회사, 그것도 세상에 이름이 알려진 회사를 인수하여 오너가 된다는 것은 기분이 좋은 일이다. 골동품 경매에서 유명한 화가의 그림을 손에 넣는 것과 같은 기분으로 회사를 인수한다는 동기는 지극히 인간적이고, 실제 이런 유형의 인수 사례도 많다. 버블 시기에 유행한 호텔, 골프장, 와이너리, 프로 스포츠 구단의 오너가 되기 위한 인수가 대표적이다.

이 경우 사는 쪽에서는 소유욕을 채우는 것이 목적이므로 인수 후 현금흐름에는 신경 쓰지 않는 일이 종종 있다. 즉 투자에 대한 수익의 기대(기대수익률)가 낮으므로 기업 가치의 기본 공식에 따라 높은 가격이 정당화될 수 있다. 따라서 지금까지 설명한 기업 가치 산정 방법에 따라 M&A를 해온 미국 투자은행들이 '의자에서 떨어진다fell off the chair'고 표현할 만한 엄청난 가격을 제시하며, 파는 쪽에서는 만세를 부르게 된다.

이러한 인수를 할 수 있는 것은 오너 경영형 회사다. 상장되어 다른 일반 투자 주주가 존재하는 회사에서는 그들의 기대수익률을 충족하는 경영을 하는 것이 경영자의 책무이다. 즉, '소유하고 있는 것 자체로 쾌감을 주므로 별로 돈이 되지 않아도 된다'는 이유로 이사회 결의를 통과하는 것은 어렵다. 투자수익을 기대하는 자본이 들어가지 않은 경우에만 오너의 의사에 따라 인수가 가능하다고 할 수 있다. 이러한 인수에서 컨트롤 프리미엄을 정당화할 이유는 필요치 않다. 자기 돈을 자기 마음대로 쓰는 것에는 아무도 불평하지 않는다. 이러한 인수자가 나타난 덕택에 미래 현금흐름의 현재가치를 넘는 가격으로 사업, 회사를 매각하여 크게 이익을 보는 행운의 주주도 탄생한다.

② 경쟁자를 삼킨다 - 수평통합

'계약을 딸 때마다 매번 부딪치고 가격을 서로 깎아야 하는 경쟁사가 눈앞에서 사라지면 얼마나 좋을까'

영업 전선에서 매일 싸우는 영업자들은 늘 이렇게 생각할 것이다. 경영자라면 누구나 같은 업종 경쟁사를 인수하거나 흡수 합병하여 시장 점유율을 높이고 그 운영과 가격 정책을 지배할 수 있다면 편하리라 생각할 것이다.

나아가 글로벌 경쟁 시대에 경쟁력을 유지하기 위해 필요한 투자를 함에 있어 비슷한 설비를 두 개 만들기보다 서로의 힘을 합해 하나의 강력한 설비를 만드는 편이 좋은 경우도 있다. 반도체 제조설비나 화학업계의 통합 재편이 여기에 해당한다. 제약회사의 국제적 M&A도 연구개발 비용을 집중시켜 한꺼번에 세계에 판매한다는, 시장의 글로벌화에 호응하는 움직임이라 할 수 있다. 은행의 통합 합병에 있어서는 연간 몇백 억엔에 이르는 시스템 투자 일원화가 이점으로 간주된다.

이러한 것은 '수평통합'이라 불리는 동기이다. 이러한 M&A에는 어떤 사회 경제적 의의가 있고, 그로 인해 어떠한 프리미엄의 지불이 정당화될 수 있을까?

그러나 단순히 경쟁을 없애 수익을 안정시킨다는 동기의 M&A가 그 자체로는 아무런 사회적 가치도 창출하지 않는다. 지금까지 경쟁으로 인해 소비자나 사용자가 누려왔던 '좋은 물건을 싸게'라는 이득이 없어지고 회사의 이익이 그만큼 늘어날 뿐이다. 컨트롤 프리미엄을 가격 지배권의 대가로서 지불했다고 하면, 사는 쪽으로서는 인수 후에 제품 가격 인상이라는 형태로 사용자의 주머니에서 그만큼을 회수하지 않으면 안 된다. 이러한 가격 지배력을 목적으로 하는 M&A는 독점금지법의 규제를 받고 공정거래위원회의 제지를 받을 가능성이 높다. 사회 전체에 플러스를 가져오지 않는다면 제동이 걸리는 것이 당연하다.

통합으로 제조설비나 시스템의 이중 투자, 과잉 투자를 피하고자 하는 동기의 경우는 어떨까? 프리미엄의 원천은 그로 인해 남게 되는 투자 자금이나 그 설비가 가동되어 이익을 창출하기 시작하기까지 드는 비용이다. 앞에서 설명한 것과 같은 가격 지배력이 없으면(즉 시장에 아직 경쟁이 많이 존재하고 있다고 하면) 그 남는 자금이나 자원은 제품 가격을 낮추거나 다른 필요한 투자에 돌려져 사회에 플러스를 가져올 가능성이 높다.

③ 거래처를 끌어안는다– 수직통합

자사 제품의 주요 부품을 만들어서 납품하는 회사나 그 제품을 판매하는 회사가 M&A 대상이 되는 일이 있다.

자기 사업의 성패에 관계가 깊고, 그 회사와 거래가 끊어지면 자기 비즈니스에 치명적인 영향을 미칠 만한 회사는 확실히 자기 지배 아래 두고 싶은 법이다. 반대로 자기 회사 없이는 존재할 수 없는 거래처 회사가 자기들보다 높은 수익을 올리고 있으면, 그 회사를 흡수하여 자사의 이익률을 높이고 싶어지는 경우도 있을 것이다. 이렇게 자기 사업의 상하 분야에 진출하는 M&A를 수직통합 M&A라 부르는데, 이 동기가 컨트롤 프리미엄을 정당화하는 이유는 뭘까?

단순히 자기 회사와의 거래에서 많은 이윤을 올리는 회사가 있으니 그것을 인수하여 이익을 흡수하자는 것뿐이라면 수평통합을 통한 가격 지배와 마찬가지로 긍정적인 의도의 M&A라고는 보기 어렵다. 원재료 조달부터 제품 판매에 이르는 프로세스 가운데 이익이 돌아가는 장소가 이동할 뿐 사회 전체로는 플러스를 창출하지 않는다. 인수하기 위해 지불해야 할 가격은 그 회사의 미래 이익·현금흐름을 미리 지불하는 것 되므로, 그 이상의 프리미엄을 지불할 근거는 직접적으로 나오지 않는다.

경쟁 회사에 납품하거나 경쟁사 제품을 판매하기 못하게 하고 자기 회사에만 충성을 다하게 하려는 것이 본심이라면, 그것은 경쟁 제한 행위이며 독점금지법상 문제가 된다. 이 경우 경쟁사와의 거래를 중지시키게 되면 인수 대상 회사의 매출이나 이익도 떨어진다. 그 손실분을 보충할 만큼의 사업 확대 기회를 인수하는 회사가 제공하지 못하는 이상, 이것 또한 프리미엄을 지불한 근거는 나오지 않는다.

아래 위 사업으로 확대 전개하는 M&A의 의의는 원재료 조달에서 최종 소비자 · 사용자가 구입하기까지의 개발 제조 판매 프로세스를 통합하여 효율화하는 데서 찾을 수 있다.

자본 관계 없이 경쟁사와도 거래하는 회사에 자기 회사가 개발 중인 제품 정보를 통째로 공개하는 것은 주저하게 되지만 100% 매수한다면 그런 걱정은 없어진다. 그럼으로써 상품 개발이나 마케팅 효과가 오르기를 기대할 수 있다. 재고 품목의 조정도 보다 효율적으로 할 수 있다. 별개의 회사가 각각 이익을 생각하여 가격 협상에 낭비해왔던 시간과 에너지를 없애는 것도 커다란 이점이 된다. 이러한 것이 수직통합형 M&A가 경제행위로서 사회적 의의를 가질 수 있는 큰 이유이며, 그 효율화로 인해 발생되는 미래 이익이 프리미엄의 원천이 된다.

④ 시간을 산다 – 신규 사업 전개

회사의 사명은 항상 성장을 계속함으로써 주주의 기대수익률을 충족시키고 회사 가치를 증가시키는 일이다. 그러기 위해서는 같은 일을 매년 반복하는 것만으로 부족하다. 시장과 사회의 새로운 움직임을 끊임없이 읽고 새로운 수익 기회를 추구할 수 있는 사업에 뛰어들 것을 기대한다.

기술 혁신 속도가 빨라지고 국경의 울타리가 낮아지면서 신규 사업에 뒤처지는 것이 치명상이 되어 과거의 명문 대기업이 순식간에 신흥 성장 기업으로 대체된다. 경영자로서는 숨 돌리기도 허용되지 않는 혹독한 시대이다.

최근 들어 M&A가 기업 성장 전략의 유효한 수단이라는 인식이 퍼지고 있는 것은 자체적으로 신규 사업을 창조하는 어려움에 대한 해결책을 M&A가 제공할 수 있는 것이 아닌가 하는 경영자의 기대와 희망이 배경에 있다.

신규 사업을 처음부터 자력으로 시작하기보다는 이미 어느 정도 갖춰진 회사를 매수하는 편이 낫다는 판단이 이런 M&A에 있어서 컨트롤 프리미엄의 근거가 된다. 그 판단에 있어 자주 사용되는 말이 'M&A로 시간을 산다'는 말이다. '돈에는 시간 가치가 있다' '기업 가치는 미래 현금흐름의 현재가치이다' 라는 발상을 거듭 강조해온 이 책의 독자에게 시간을 산다, 즉 앞으로 시작될 사업과 이미 시작한 사업에는 가치의 차이가 있다는 설명도 자연스럽게 다가올 것이다.

직접 시작하느냐 인수하느냐

그렇다고 모든 경우 사업을 직접 시작하는 것보다 기존 회사를 인수하는 것이 좋다고 할 수는 없다. 인수에 필요한 금액이 컨트롤 프리미엄을 포함해 너무 높아질 것 같다면 회사는 직접 시작할지 아니면 그 신규 사업 분야에 진출하는 것을 단념할지 선택해야 한다. 이 판단은 어떻게 내려지는 것일까? 다음과 같은 요소를 생각해볼 수 있다.

진입장벽 : 이것은 신규 진입에 필요한 경영 자원(인재, 기술, 판매채널 등)을 입수하는 것이 얼마나 어려운가, 그것 때문에 이미 있는 회사를 통째로 인수할 필요가 있는가 하는 검토이다.

보다 구체적으로 말하면, '우수한 기술자나 인재를 모으는 것이 인수 목적이라면 그 인재에게 직접 거액의 보수를 지불하고 빼내오면 된다. 그렇게 해서 경영 자원을 손에 넣는 쪽이 그 인재가 속한 회사 주주에게 프리미엄을 지불하는 것보다 효율적이지 않은가' 하는 문제이다. 실제로 우수한 엔지니어가 생명인 소프트웨어 개발회사나 외국계 투자은행 등은 이러한 방법으로 일본시장에 발판을 구축하고 있다.

다른 회사를 인수하는 방식으로 시장에 진입하는 경우, 적정한 컨트롤 프리미엄 금액은 뒤늦게 진입하는 자로서 시장점유율을 쟁취하는 것이 얼마나 어려운지에 따라 달라진다. 인재뿐만 아니라 브랜드나 안정된 판매망 등 하루아침에 쌓을 수 없는 '브랜드' 가치가 있는 회사의 인수는 프리미엄의 지불을 정당화하는 유력한 근거가 된다.

시장 확대의 한계 : 반대로 진입장벽이 낮아서 뒤늦게 들어가도 따라잡기가 비교적 용이하다면 프리미엄을 지불하면서까지 기존 회사를 인수할 근거는 빈약해진다. 그럼에도 자력으로 신규 진입하는 것은 위험을 동반한다. 그것은 어떤 경우일까?

해당 시장의 크기가 한정되어 있어서 신규 진입이 공급 과잉을 일으킬 수 있는 경우이다. 가격 경쟁으로 치달아 이익률이 저하하고 결국 아무도 투자 자금을 회수하지 못해 제 살 깎아먹기 상태에 빠지는 경우가 여기에 해당한다. 가격이 내려가는 것은 소비자에게 환영 받을 일이지만, 기업으로서는 투자 자금 회수가 불가능하다는 것을 알면서도 신규 진입을 할 수는 없다. 이런 경우 자력으로 진입하기보다 기존 사업을 인수하는 것이 그 회사에나 사회 전체에나 유익하다.

먼저 사업에 뛰어든 기존 회사 입장에서도 과당 경쟁은 사업 미래에 암운을 드리울 뿐이다. 자본력 있는 대기업이 뒤늦게 진입하여 혹독한 경쟁에 처하는 것을 피해 그 대기업에 회사를 매각하여 자금을 회수하고 다시 새로운 사업을 시작하겠다는 것은 정당한 경영 판단일 것이다.

경영 자원의 공유 : 회사가 신규 사업에 진출할 경우, 보통 기존 사업으로 축적한 기술, 노하우, 판매망 등을 이용할 수 있는 주변 분야에 진출한다. 그런데 최근의 IT, 인터넷사업과 같은 혁신적 사업모델은 기

존 사업의 연장선상에 없는 유니크함에 매력이 있다. 이러한 경영 자원을 자기 회사로 들여와 그로 인해 새로운 발상, 새로운 경영을 신속하게 도입하는 효과를 기대할 수 있다. 인수하는 회사가 제공할 수 있는 경영 자원과 인수되는 회사가 제공할 수 있는 경영 자원이 잘 맞물림으로써 두 회사에 잠들어 있던 잠재능력이 현재화된다면, 이를 위해 프리미엄을 지불하는 것은 건전한 일일 것이다.

►column

투자자에게 있어
시너지란

　지금까지 검토해온 프리미엄 지불의 근거는 일반적으로 M&A의 '시너지(synergy, 상승작용)'라 불리고 있다. 1 + 1 = 2가 아니라 1 + 1 = 2 + α가 되며 이 α부분이 시너지 효과라는 식으로 설명된다.

　내가 보기에 미국에서는 시너지라는 단어가 비용 합리화라는 측면을 가리켜 사용되는 일이 대부분이다. '두 개의 조직이 합쳐짐으로써 관리 부문 인원 몇 %가 삭감 가능하다, 영업부를 통합함으로써 중복되는 영업소를 폐쇄하여 몇만 달러의 경비가 절감된다' 등 금액으로 명확하게 파악 가능한 효과를 시너지라 부르는 일이 많다.

　이에 비해 일본에서는 '시너지 효과'라는 단어를 보다 넓게 M&A에서 사용하고 있음을 느낀다. 앞에서 거론한 경영 자원의 공유를 통한 '상호 보완'이나 '세계의 업계 톱 10에 들어갈 규모가 된다' '우수한 인재 확보' '제품 라인업 강화'라는 슬로건적인 이점을 '시너지 효과'라 부르는 것이 단어의 의미로서는 틀리지 않다. 다만, 미래 현금흐름에 금액으로서 얼마의 공헌을 하는가를 구체적으로 드러내지 않는 이상, 그것만으로는 컨트롤 프리미엄의 지불을 정당화할 시너지 효과라고 할 수 없다. 미국에서는 경영자가 아무리 개념적인 이점으로서 '시너지'를 강조해도 재무수치로 뒷받침할 수 없는 것은 투자자나 애널리스트가 별로 평가해주지 않는다. 이것이 두 나라의 차이일 것이다. 구체적인 금액으로 표시할 수 있는 '시너지', 이것이 M&A에 있어 비싼 가격을 정당화하는 근거이다. 그리고 그 근거는 인수하는 쪽의 전략 목적, 인수 의도를 분명히 함으로써 구체적인 숫자 형태를 띠게 된다.

▶ 2. 지불해야 할 가격의 상한

프리미엄의 근거

　이상으로 컨트롤 프리미엄을 지불하고 다른 회사를 인수하는 M&A
의 대표적인 동기를 생각해보았다. 이러한 검토로부터 '타당한 프리미
엄은 얼마인가'라는 질문에 대한 답이 도출된다. 오너가 자기 돈으로 인
수하는 경우를 제외하면 사는 쪽이 지불할 수 있는 인수 금액은 '그 금
액을 먼저 지불해도 자기가 경영한다면 자사 주주의 기대수익률 수준
이상 투자수익을 거둘 것으로 전망되는 가격'이라 표현할 수 있다.

　이 '상한' 가격과 현상 그대로의 회사 가치와의 차이가 생기는 요인
은 아래의 세 가지로 집약된다.

① 5년간의 수지 계획의 차이

　미래 현금흐름을 현재가치로 하고, 비슷한 회사의 배율을 사용하여
예상 최종년도의 기업 가치를 산출하는 기업 가치 산정 방식은 주식 공

개에 있어서나 M&A에 있어서나 그 틀이 변하지 않는다.

그럼에도 M&A의 경우에만 컨트롤 프리미엄을 지불하는 것이 정당화되는 이유는 '미래 현금흐름에 대한 시각이 일반 투자자 주주와 M&A를 꾀하는 전략 투자자 간에 다르다'는 것이 커다란 이유이다.

주식 투자자는 경영을 현 경영진에게 맡길 경우의 현금흐름으로 미래상을 그린다. 이 주식 투자자의 예상과 앞서 들었던 다양한 동기로 인수를 시도하는 회사 경영진이 그리는 미래 현금흐름의 예상 사이에는 차이가 있다. 즉 가치 산정의 근간이 되는 5년간의 수지 계획 자체에 M&A 인수자는 자기의 경영 신념을 담아 '주관적인' 수정을 가하는 것이다.

② 인수 측 안정성의 차이

예컨대 수익력이나 안정성이나 탁월한 대기업이 A사를 인수할 경우, 그로 인해 A사 사업의 미래 불확실성이 변화한다. 믿을 만한 경영자, 자금력이 있는 모회사가 뒤에서 지켜줌으로써 불확실성이 낮아지면 할인율을 보다 낮게 책정하는 것이 가능하다. 그러면 당연히 {현재가치 = 기업 가치}로서 보다 높은 가격을 정당화할 수 있게 된다.

③ 대차대조표의 개선

그리고 제3장 2절에서 {회사 가치 = 기업총가치 - 순부채}로 설명한 대로, 회사 대차대조표에는 사업 계속에 직접 필요치 않은 자산이 계

상되어 있거나 외부 차입금에 대한 의존도가 제각각이기도 하다. M&A
에 있어 차입금을 제외한 '기업총가치'에 주목하는 이유는 매수 후의 A
사 부채·자본 구성을 어떻게 할 것인가에 관해서 매수하는 쪽이 자유
롭게 정하면 되기 때문이다. 이 '대차대조표에 대한 지배권'으로부터도
컨트롤 프리미엄의 근거를 발견할 수 있다. 자본력이 있는 인수자가 인
수함으로 인해 거래처와의 지불조건, 차입금 금리 등이 개선되거나 세
무상 이점이 있을 경우, 그 효과를 금전가치로 환산한 만큼이 프리미엄
지불의 근거가 된다.

　이상과 같이 보통 컨트롤 프리미엄의 근거로 간주되는 경영 지배권
의 가치가 갖는 의미가,

　　① 대상 회사의 미래 현금흐름을 더욱 향상시키는 능력
　　② 사업의 안정성을 더욱 향상시키는 능력
　　③ 대상 회사의 대차대조표를 보다 효율적으로 하는 능력

　을 가격 산정 공식에 반영할 권리의 가치다, 라고 바꿔 말할 수 있
다. 그리고 그것은 공통된 가치 산정 모델을 사용함으로써 숫자로 파악
할 수 있고, 투자 수익이 얼마나 기대되는가의 형태로 판단 기준으로 사
용할 수 있게 된다.

기업 인수를 대상 회사의 경영 자원을 자신의 것으로 하는 '이용 가치'에 주목하는 활동으로 파악하는 것도 틀린 것은 아니다. 그러나 경영 지배권을 앞에서 설명한 세 가지 능력을 갖고 대상 회사의 '투자 가치'를 올리는 행위로 생각하는 편이, M&A라는 활동의 의의와 본질을 파악하기 쉽고, 경영자 입장에서도 판단의 좌표축이 분명해지는 것이 아닐까 한다.

프리미엄은 누구의 것인가

앞에서 설명한 이 세 가지 능력을 충분히 발휘하여 인수 가격 산정 모델에 숫자를 넣으면 대상 회사의 산정 가격은 오를 것이 틀림없다. 그러나 그 전액을 대상 회사 주주에게 지불하면 이상한 일이 될 것이다.

'회사의 경영을 지배할 수 있다'는 이유로 정당화될 수 있는 인수 금액의 프리미엄은 인수하는 회사의 경영 능력을 전제로 실현되는 가치이다. 그 대가를 그대로 선불로 상대에게 지불해버리면 회사를 매각하는 주주가 그 프리미엄 차액을 받게 된다. 회사를 매각하여 사업 경영에서 발을 빼는 사람이나 원래 전혀 경영에 참가하지 않는 일반 주주가 왜 매각할 때 프리미엄까지 요구할 수 있는가 하는 의문이 드는 것도 당연하다.

그러면 프리미엄 없이 매각하는 것이 옳은가 하면 그렇지도 않다.

미래 현금흐름은 매각하지 않으면 언젠가는 주주의 품에 들어오는 것으로, 그 현재가치 상당액을 그대로 수령하는 것은 매각자로서 경제적 이점이 없다. 매각하는 회사의 주주에게 매우 절박한 자금 조달 문제가 있어 하루라도 빨리 목돈이 필요한 사정이 아닌 이상 팔아야 하는 동기가 되지 않는다.

현 상태대로 사업을 지속할 경우의 기업 가치와, 인수자에 의해서만 실현 가능한 기업 가치, 이 하한과 상한 사이의 가격이 매각자와 인수자 모두에게 M&A를 하는 편이 안하는 것보다 낫다고 생각할 수 있는 거래 가격 범위가 된다. 실제로는 M&A가 외부 전문가 비용을 비롯하여 많은 시간과 노력이 드는 작업이므로 경영진의 귀중한 시간을 포함한 비용을 양자가 지불해도 남는 것이 있을 정도의 가격대가 협상 범위가 된다.

'아무 수고도 없이 리스크도 지지 않는 매각 주주나 사업의 미래성을 살리지 못하는 경영밖에 하지 못하는 회사에 어째서 우리가 창출하는 가치의 일부를 프리미엄으로 주어야 하는가?' 라는 생각으로 경영 능력 있는 회사가 인수를 단념하면 어떻게 될까? 인수에 의해 얻을 수 있었던 다양한 이점은 인수자, 매각자, 사회 그 누구도 누릴 수 없게 된다. 인수라는 행위가 제로섬이 아니라 새로운 가치를 창조하는 행위인 이상, 그 실현에 직접 공헌할 능력이 있는 자와, 그 실현의 장을 제공하는 자가 가치를 나눠가져야 할 것이다. 이른바 'Win-Win'의 거래라는 발상에서 실제 M&A 협상은 이뤄진다.

▶ 3. **지렛대 원리**에 의한 **투자수익률 향상**

인수 후 사업의 자산 · 부채 · 자본 구성을 자유롭게 변경할 수 있는 인수자 능력에 관해서는 신용 증가에 수반되는 매입 조건이나 차입 조건의 변경을 예로 들었다. 대상 회사의 대차대조표를 개선하는 능력의 가치는 여기에 그치지 않는다. 기초편 요약에서 '미국에서 무차입, 평가익 경영을 하면 인수 대상 표적이 된다'고 했던 의미를 여기서 설명하겠다. 소위 레버리지드 바이아웃Leveraged Buy-Out, LBO이라 불리는 인수 방법으로, 그 연금술적 테크닉의 실제는 다음 장의 사례를 참조하기 바란다. 이러한 적극적 재무 · 세무 전략의 실행에 의해 정당화될 수 있는 인수 가격이 변할 수 있다는 사실은 의외로 알려져 있지 않다.

레버리지 효과의 정체

레버리지(지렛대) 효과란, 한마디로 말해 '차입금을 많이 사용함으로써 자본투자수익률이 향상'되는 효과이다. 시소의 한쪽에 당신이 타고 있고, 반대쪽으로 상대방이 뛰어내리면 당신은 힘차게 공중으로 날아오른다··· 서커스의 곡예사와 같은 이미지로부터 '지렛대 효과'라고 불리고 있다.

차입금의 유무가 투자 수익에 영향을 주는 모습을 간단한 사례를 들어보자.

여기에 무차입 회사 T가 있다. 이 회사의 금년도 손익과 3년 후 손익 예상이 [6.1]과 같다고 가정한다.

어떤 엄청난 부자 R이라는 사람이 T사를 금년도 영업이익의 10배, 100억엔의 현금을 지불하고 100% 매수했다고 하자. 3년차의 사업연도에 R은 100억엔의 투자에 대해 연간 9억엔의 이익을 얻는다. 이 해에 있어 이 인수의 투자수익률은 9%이다. 만일 3년 후에도 성장이 전혀 없었을 경우 금년도와 같은 6억엔의 세후순이익으로 100억엔의 투자수익

6. 1 T사의 요약 손익계산서

(단위: 억엔)

	금년도	3년 후
매출액	100	150
영업이익	10	15
지불금리액	0	0
경상이익	10	15
법인세 등(40%)	4	6
세후순이익	6	9

무차입이므로
이자 지불은 없다

률은 6%가 되는 셈이다.

한편 보통 부자인 S라는 사람은 T사를 똑같은 100억엔으로 인수했다고 하자. S는 인수 대상인 T사 주식을 담보로 90억엔을 은행에서 연리 10%로 빌리는 데 성공했다고 하자. 원금의 변제는 3년간 거치, 4년차부터 시작되는 것으로 한다. S가 자기 자금으로 투자하는 금액은 100 − 90 = 10억엔이다. 이 경우 인수 후 손익은 인수 자금 비용으로서의 지불금리 9억엔(90억엔 × 10%)을 반영시키면 [6.2]와 같아진다. 변하는 것은 지불금리가 발생하는 부분밖에 없다.

이 경우에도 S는 T사를 100% 보유하고 있으므로 3년차의 사업연

6. 2 T사 자산을 담보로 90억엔을 빌린 경우 T사 요약 손익계산서 ────

(단위: 억엔)

	금년도	3년 후
매출액	100	150
영업이익	10	15
지불금리액	9	9
경상이익	1	6
법인세 등(40%)	0.4	2.4
세후순이익	0.6	3.6

90억엔의 차입금에 10%의 이자 지불

수중에 남는 이익은 적어지지만…

보통 부자 S의 투자수익률 6.0%   36%
(투자금액 10억엔)

자기 돈으로 투자한 액수가 작기 때문에 수익률은 대폭 상승한다

도에 B는 10억엔의 자기 자금 투자에 대해 3.6억엔의 이익을 올릴 수가 있다. 투자수익률은 무려 36%이다.

그런데 T사가 3년 후에도 전혀 성장하지 않고 금년도와 같은 손익이었다고 하면 어떻게 될까? 같은 10억엔의 영업이익에서 9억엔의 금리를 지불하고, S의 수중에는 세후로 6,000만엔. 투자수익률은 6%로 급락한다. 그 다음 해부터 원금 변제도 시작되고 갈수록 자금 조달이 어려워져 도산할 리스크가 급격히 높아진다.

이것이 레버리지 효과의 실상이다. 레버리지가 걸린, 즉 차입금에 의존한 투자는 그렇지 않은 경우에 비해 수익률 진폭이 커지지만 큰 수익을 얻을 수 있는 기회도 확대된다. 그렇게 되는 근거는,

1. 변동하는 손익 가운데 일부분을 지급 이자액으로 고정한다면 나머지 부분의 진폭은 점점 커진다.
2. 지불 세금이 작아진다(앞의 예에서는 9억엔(금리) × 40% = 3.6억엔의 절세 효과)

이 두 가지로 집약된다. 사업의 미래성에 자신이 있는 인수자라면 되도록 레버리지를 걸어 세금 지급을 적게 하고 높은 투자수익률을 추구하는 것이 정당한 발상이다.

LBO란 인수 대상 회사의 자산을 담보로 외부 차입금 비율을 높이고 자기 자금 비율을 낮춰서 높은 투자수익률을 추구하는 형태의 인수

이다(권말 용어집 참조). 미국에서 1980년대 후반에 '정크본드'라고 불리는, 리스크가 높고 따라서 금리가 높은 사채를 발행하는 방법이 개발되었다. 전통 있는 대기업이 이 정크본드로 거액의 인수 자금을 조달할 수 있게 된 LBO 투자그룹의 표적이 되어, 인수된 후 뿔뿔이 분할되는 일이 빈번히 일어났다.

LBO라고 하면 회사를 빚에 찌들게 하고 금융기관과 투자자가 이익을 흡수하는 수법이라는 이미지를 갖는 사람이 많다. 그러나 차입금을 이용해 기업을 인수하는 것 자체는 일본에서도 일상다반사로 일어나고 있다. 일본의 경우 인수하는 회사가 그 차입금의 원리금 상환을 보증하는 부분이 큰 차이점이다. 이 LBO 모델은 인수 후의 자금 조달을 시뮬레이션하는 데 편리한 모델이므로 기업 가치 산정의 사례에 따라 다음 장에서 구체적으로 검토하고자 한다.

제7장

M&A 현장의 실황중계
– A사를 매수하라

전략상 중요하지 않다는 이유로 모회사 P가 A사를 매각한다면 얼마의

가격이 매겨질까? 매수자에 따라 세 종류의 '적정' 가격이 산정된다.

지금까지 현장에서 프로들이 하는 M&A 가격 산정의 틀과 방법에 대해 설명해왔다. 5년간의 수지 계획에 인수자 관점으로 접근함으로써, 또 재무·세무 전략을 적극적으로 사용함으로써 실제로 어떻게 인수 가격이 변할 수 있는가를 지금부터 간단한 실례를 들어 모의 체험해 보자.

대규모 종합 전자제품 제조사인 P사의 자회사로 A사라는 가상의 회사가 있다. 컴퓨터 관련 하드웨어 제조사라고 가정한다. 연매출 1,000억엔, 2000년도 영업이익은 70억엔 규모라고 한다.

총자산은 1,250억엔. 축적된 자산으로 보유 현금 잔고가 150억이고, 따로 100억엔을 투자유가증권으로 운용하고 있다. 독립된 공장을 갖고 있고 40년 전 취득한 토지는 값이 상당히 올랐다. 은행 등에서 빌린 차입금 550억엔이 있고, 운전자금에 충당되고 있다.

A사의 대차대조표 및 2000년도의 손익계산서는 [7.1]과 같다.

A사가 속해 있는 업계는 경쟁이 심하다. A사 자신도 최근 몇 년간 매출은 겨우 오르고 있지만 가격 저하의 영향으로 매출총이익률이 슬금슬금 내리고 있다. 경영진의 2001년도 예상은 매출 3% 증가, 매출총이익률 2%포인트 저하로 영업이익은 전년 대비 마이너스가 될 거라는 심각한 전망이다.

A사 경영진은 업계의 경쟁에 살아남아 점유율을 키우기 위해 지금 선행투자를 해야 한다고 생각하고, 향후 2년간 통상 100억엔이던 설비투자액을 두 배인 200억엔으로 늘릴 것을 계획하고 있다. 그 결과 4년차 이후 연 7%의 매출액 증가와 매출총이익률 5%포인트 개선을 예상하고 있다.

A사 경영진이 책정한 5년 수지계획은 [7.2]와 같다.

7.1 A사 재무제표

손익계산서 (단위:억엔)

	2000년도 실적
매출액	1,000
매출총이익	370
매출총이익률	37%
판매 · 관리비	250
연구개발비	50
영업이익	70
영업이익률	7.0%
감가상각비	100
EBITDA	170

대차대조표 [자산]

현금 · 예금	150
투자유가증권	100
기타유동자산	500
고정자산	500
자산계	1,250

2000년도 기말시점 (단위:억엔) [부채 · 자본]

유동부채	200
사채 · 차입금	550
충당금	100
부채계	850
자본	400
부채 · 자본계	1,250

한편 모회사 P사의 2001년도 경영 전략은 '선택과 집중'이다. 유감스럽게도 A사는 강화 분야에 들지 못해 당장의 현금흐름이 마이너스가 되는 선행투자는 승인받을 수 없다. 그러기는커녕 판매관리비 억제라는 불호령이 떨어져 설비투자를 하려면 영업ㆍ관리의 구조조정부터 하라고 요구받고 있다. 공격에 나서야 할 시기에 구조조정을 하여 사원 사기가 떨어지고 우수한 영업 인력을 경쟁사에 빼앗기게 된다면 설비투자를 해도 의미가 없게 될 텐데…

전략상 중요하지 않다는 이유로 모회사 P가 A사를 매각한다면 얼마의 가격이 매겨질까? 매수자에 따라 다음과 같이 세 종류의 '적정' 가격이 산정된다.

7.2 A사 경영진 작성 5년 수지계획

(단위 : 억엔)

	2000년도	2001년도	2002년도	2003년도	2004년도	2005년도
	실적	예상				
매출액	1,000	1,030	1,071	1,125	1,203	1,288
신장률		3%	4%	5%	7%	7%
매출총이익	370	361	375	416	481	515
매출총이익률	37%	35%	35%	37%	40%	40%
판매 관리비	250	250	263	276	289	304
연구개발비	50	50	50	50	50	50
영업이익	70	61	62	91	142	161
영업이익률	7.0%	5.9%	5.8%	8.0%	11.8%	12.5%
감가상각비	100	130	160	150	140	120
EBITDA	170	191	222	241	282	281

▶ 1. 전문가가 일반적으로 산정한 경우의 회사 가격

먼저 제5장 4절에서 소개한 M&A 가격 산정 모델의 단계에 따라 실제로 가격 산정을 해보자.

STEP 1 미래 현금흐름 계산

우선 A사 경영진이 작성한 5년 수지 계획을 근거로 미래 현금흐름을 계산한다. 여기서는 '사업을 계획대로 진행한 경우 매년 인수자가 회사에서 인출할 수 있는 현금이 얼마인가' 하는 관점에서 '잉여현금흐름free cash flow'를 다음과 같이 산출하여 현재가치 산정의 기초로 삼는다.

이익 : 현금흐름의 원천은 물론 이익이다. 그리고 실제로 수중에 실제로 남는 이익을 확인하려 세금을 제해야 한다. 따라서 영업이익으로부터 세금(실효세율 40%로 상정)을 제하고 세후영업이익(Net Operating Profit After Tax, NOPAT)을 산출한다.

왜 실제 세후 이익을 그대로 쓰지 않는가 하면, 거기에는 이자 등의 지불이 포함되어 있기 때문이다. '적나라한 기업 가치'를 산정할 때는 잉여 자산이나 외부 차입금을 일단 제쳐두고 생각해야 한다는 것은 이미 설명했다. 그렇다면 그로부터 발생하는 이자 수입이나 비용도 제쳐두고 생각하지 않으면 안 된다.

감가상각 : 제4장 3절에서 현금흐름에 관해 설명한 대로 현금흐름 계획을 세울 때 현금의 출입을 수반하지 않는 비용(손실)은 더해줄 필요가 있다. 여기에는 평가손의 계상이나 충당금, 준비금 등의 적립 등이 있지만 여기서는 단순히 그 대표적 항목인 감가상각만이 있는 것으로 하고, 경영진의 계획대로 향후 2년간 200억엔씩, 그 이후는 1년에 100~110억의 설비투자를 할 경우의 감가상각액을 상정했다. 감가상각 금액 상당분은 실제 현금이 줄지 않았기 때문에 이익에 더해진다.

설비투자 : 감가상각과는 반대로 자산에 대한 투자는 현금이 줄지만 회계 처리상 자산에 계상되어 그대로 손실은 되지 않고, 따라서 이익에 반영되지 않는다. 실제로 미래 이익을 창출하기 위해 필요한 설비투자분은 현금을 깨지 않으면 안 되므로 이 금액을 제한다. 반대로 보유자산을 처분한 경우는 매각 이익이 생기는데 미처 이익에 반영되어 있지 않은 부분에 대해 현금흐름의 증가가 된다.

운전자금 증가 : 운전자금이란 사업을 영위하기 위해 매달 필요한

자금이다. 구체적으로는 재료를 매입하여 제품을 만들고 그것을 입고하여 판매하고 청구서를 보내 대금을 회수한다. 여기서는 단순히 현금성자산을 제외한 유동자산 500억엔에서 외부 차입금을 제외한 유동부채 200억엔을 뺀 액수 300억엔을 운전자금으로 간주한다. 이 자금은 항상 회사가 부담하지 않으면 안 된다. 보통 운전자금은 매출이 늘어남에 따라 증가하므로 여기서는 매출의 성장률에 비례하여 운전자금이 증가한다고 상정한다. 이 운전자금 증가분은 사업을 벌이기 위해 추가로 필요로 하는 금액이므로 이것도 현금흐름 계산은 마이너스 요인이 된다.

NOPAT(세후영업이익)에서 시작하여 이러한 증감 조정을 하여 잉여현금흐름을 산출하면 [7.3]이 된다. 모회사가 싫어하는 대로 향후 2년간은 현금흐름이 마이너스가 된다. 즉 현금이 유출된다. 주된 요인은 설비투자로, 그 효과가 뒤늦게 수익에 나타나는 타임 래그 때문에 초기 2년간 '돈 먹는 벌레'처럼 받아들여진다. 그렇지만 사업이 계획대로 진행

7. 3 A사 잉여현금흐름 계산표

(단위 : 억엔)

	2001년도	2002년도	2003년도	2004년도	2005년도	5년 합계
세후영업이익 (실효세율 40%)	36	37	54	95	97	310
+ 감가상각비	130	160	150	140	120	700
− 설비투자액	200	200	100	105	110	715
− 운전자금증가	9	12	16	24	25	86
잉여현금흐름	−43	−15	88	97	81	209

되면 3년차 이후는 80~100억엔 수준의 현금을 안정적으로 창출하는, 황금알을 낳는 거위로 변신할 가능성을 갖고 있음도 현금흐름표에서 알 수 있다.

STEP 2 **5년 후의 기업 가치 = 터미널 밸류의 계산**

5년차 사업연도에 있어 A사는 연간 161억엔의 영업이익과 281억엔의 EBITDA를 올릴 수 있는 회사가 되었다. 그리고 그 후에도 안정된 성장이 예상된다. 이런 회사를 상장 또는 M&A로 매각했다고 하면 얼마만큼의 가격이 붙을까? 현재 상장되어 있는 비슷한 회사로부터 그 가격을 추정하는 유사 회사 대조 방식을 여기서 사용한다. 제5장 1절에서 든 유사 회사 대조 방식 사례를 그대로 참고하여 기업총가치에 대한 EBITDA 배율의 평균 10배, 즉

281 × 10 =2,810억엔

정도를 5년 후 A사의 기업총가치로 상정하자.

현재가치로 할인

잉여현금흐름의 향후 5년간 누계는 209억엔의 플러스가 된다. 거기에 5년 후 예상 기업 가치 약 2,800억엔을 더한 합계가 A사라는 투자 대상이 미래에 창출하는 현금이다.

그러나 지금 얼마를 지불해야 할지 산정하려면 현재가치로 환산하지 않으면 안 된다. 그리고 현재가치를 산출하기 위해서는 할인율을 정하지 않으면 안 된다.

A사 고유의 할인율은 제2장 4절에서 검토한 대로 CAPM을 사용하여,

> 무위험이자율 + 베타 × 주식시장 프리미엄

으로 산출한다.

무위험이자율로는 현재의 10년 국채 이자율(1.5% 정도)을 사용할 수도 있겠지만 역사적으로 보아도 디플레이션적인 환경에서 이만큼 낮은 수준의 무위험이자율이 장기간 계속된다고 상정하는 것은 현실적이지 않다. 전문가의 조언을 거쳐 실질금리를 3%로 놓는다.

베타는 이 사업 고유의 리스크를 수치화하기 위한 계수이다. A사가 200억엔의 추가 투자를 통해 경쟁력을 회복 강화하고, 7%의 매출 성장과 5%포인트의 이익률 개선을 달성하는 것이 어려울 것 같다면 베타는 주식시장 평균인 1보다도 큰 숫자가 된다. 유사한 상장회사도 비슷한 경쟁 환경, 불확실한 미래성을 갖고 있고, 시장 평균보다 리스크가 큰 것으로 간주되고 있는 모양으로, 1.3의 계수가 되었다고 가정한다. 모회사의 강화 분야에 들지 않는 A사의 일이므로 리스크는 더욱 클지 모르

므로 1.6의 높은 계수도 상정해두자. 이러한 전제에서 A사에 적용할 할인율을 계산하면,

$$3\% + 3\% \times 1.0 = 6.0\%$$

$$3\% + 3\% \times 1.3 = 6.9\%$$

$$3\% + 3\% \times 1.6 = 7.8\%$$

가 된다. 이에 7%를 중심으로 하는 6~8% 범위로 하고, 터미널 밸류도 EBITDA 배율 9~11배 범위를 상정한다. 그리고 각각의 할인율로 각 연도의 현금흐름과 터미널 밸류를 현재가치로 환산하여 합하면 아홉 가지(3×3) 현재가치가 산정된다.[7.4] 이것이 A사의 '기업총가치'이다. 2,100억엔 부근이 스위트스폿, 다만 할인율나 최종연도의 EBITDA 배율에 여유를 주면 1,900~2,400억엔이라는 범위의 가격이 된다.

STEP 3 가격 검증 ①

이렇게 산출된 A사 기업 가치가 타당한지를 검토하기 위해 최근 있었던 유사 M&A 거래와 비교하여 매수 프리미엄이 타당한 범위에 들어 있는지를 검증한다.

2,100억엔이라는 기업총가치를 다시 비슷한 회사와 비교하는 것처럼 배율을 비교해본다. A사의 2000년도의 EBITDA는 170억엔이고, 따라서 2,100억엔을 이 숫자로 나누면 EBITDA 배율은 12.9배가 된다.

비슷한 상장회사의 이 배율은 최근의 실적에 비해 10배이므로, 프리미엄으로 29%를 얹은 셈이 된다.

이 프리미엄이 타당한 것일까. 거듭 설명한 바와 같이 적정 가격은 인수자에 따라 다르므로 프리미엄이 몇 %면 타당하고 몇 %면 부당하다고는 할 수 없다. 그러나 매각자인 모회사에도 주주가 있으므로 일반 투자자가 봤을 때 '타당' 이상의 프리미엄이 붙어 있는 것이 바람직하다. 그렇지 않으면 매각하는 P사가 내부적으로 매각 승인을 얻지 못하고

7.4 DCF 방식에 기초한 A사 기업 가치 산정

(단위 : 억엔)

① 잉여현금흐름의 현재가치

할인율

	5개년 합계
6.0%	158
7.0%	151
8.0%	144

② 터미널 밸류의 현재가치

할인율

EBITDA 배율	9배	10배	11배
6.0%	1,891	2,101	2,312
7.0%	1,805	2,005	2,206
8.0%	1,723	1,914	2,105

현재가치합계 ① + ②

할인율

EBITDA 배율	9배	10배	11배
6.0%	2,049	2,259	2,469
7.0%	1,955	2,156	2,356
8.0%	1,867	2,058	2,249

M&A 협상은 성사되지 않는다.

이에, 과거의 유사 M&A 거래 사례를 찾고, 그 거래에서는 직전기의 실적에 대해 몇 배의 가격이 지불되었는가를 조사한다. 이 작업은 '한숨 돌리기'라는 느낌도 있지만 M&A 의사결정을 위한 이사회에서는 반드시 누군가가 질문한다. 뭐든 남들만큼만 하려는 사고가 강한 일본이라서 그런 것이 아니라 미국 회사에서도 이 점은 다르지 않다.

스스로 해보면 잘 알겠지만, 과거의 거래에서 결국 얼마가 지불되었는가, 그 인수 대상 회사의 직전기 재무수치가 어떠했는가를 정확히 파악하는 것은 매우 어렵다. 그 정보는 경험이 많은 투자은행이나 회계법인등에 축적되어 있다. 그렇기 때문에 경험과 축적이 있는 외부 기관에 '타당하다'고 인정받을 필요가 있다.

일반적으로 컨트롤 프리미엄은 30% 정도로 알려져 있는데, 그렇게 봤을 때 A사의 2,100억엔은 매수자 입장에서 괜찮은 가격이다. 매각자인 모회사 입장에서는 아쉬운 가격일지 모르지만 '선택과 집중'을 금년도 전략으로 내건 상황에서 협상을 질질 끌거나 뒤늦게 다른 인수자 후보를 찾을 때 발생하는 비용을 생각하면 나쁘지 않은 가격일 것이다.

가격 검증 ②

지금까지 보아온 DCF 방식을 기초로 한 가격 산정 방식에 대하여 곧잘 제기되는 의문이 있다.

'미래 현금흐름의 현재가치라고 하지만 사실 5년 후에 얼마가 되어 있을까 하는 부분이 현재가치의 대부분을 차지하고 있다. 그 부분에 대하여 비슷한 상장회사의 배율을 그대로 사용해도 좋을까? 더욱 정치한 방법은 없을까?'

확실히 [7.4]를 보면 알 수 있는 것처럼 A사의 기업 가치 2,100억 엔 가운데 향후 5년간의 잉여현금흐름의 현재가치는 150억엔 정도에 불과하다. 기업 가치의 대부분이 5년차 이후의 현금흐름으로 회수된다고 할 때 예상 최종연도에서의 기업 가치를 다른 각도에서도 검증할 수 있다면 안심이다.

그 하나의 방법으로 영구채권의 현재가치 정의식을 보자.

5년차의 잉여현금흐름(C)는 81억엔이 된다. 상정한 5년차의 기업 가치(PV)는 2,800억엔이다. 이것을 PV = C / (r − g)에 넣으면,

$$r - g = 81 \div 2,800 = 약 \, 3\%$$

가 된다. 3%라는 것은 r을 7%라 할 때 성장률 4%로 영원히 계속 성장한다는 것을 상정한 값이 된다.

이러한 값을 어떻게 볼 것인지는 경영 판단에 달렸다. 5년 후에 그렇게 제대로 된 사업 기반의 회사가 된다고 생각하면 5년차 이후의 성장률 4%는 그때까지의 매출성장률 7%에 비해 부당하게 높다고는 할 수 없다.

STEP 4 기업총가치로부터 주식 매수 가격 산출

이것으로 다 되었다고 생각하고 2,100억엔을 매수 가격으로 제시하면 안 된다. '알몸의' 기업 가치(기업총가치)를 실제 회사의 가격으로 삼기 위해 일단 젖혀두고 생각했던 순부채만큼을 되돌리지 않으면 안 된다. 제5장에서 설명한 대로 M&A에서는 변호사나 회계사가 대차대조표를 심사하여 현금흐름 창출에 관계 없는 자산이나 계상되지 않은 숨은 부채를 씻어내는 '듀 딜리전스'라는 중요한 프로세스가 있다.

듀 딜리전스의 결과 아래와 같은 항목이 발견되었다고 하자.

① 보유 유가증권 내용

A사의 대차대조표에 실려 있는 유가증권 100억엔 가운데 50억엔은 국채, 50억엔은 상장회사 주식이었다. 주식은 버블기에 분위기에 쓸려 산 것으로, 시가는 30억엔에 불과하다.

② 부동산 평가이익

A사의 공장 부지는 40년 전에 취득한 것으로 그 후 주변 지역은 교외주택지로 개발되어 지가가 치솟았다. 버블 붕괴 후인 현재도 보유 부동산의 장부가는 20억엔인데 시가는 무려 520억엔으로 감정되었다.

③ 퇴직급부채무

직원 퇴직금 · 연금의 적립이 불충분하다는 것이 발견되었다. 외부 전문가에게 평가보고서 작성을 의뢰한 결과, 200억엔을 추가로 적립하지 않으면 사원에게 약속한 대로의 퇴직금 · 연금을 지불할 수 없다.

그밖에도 문제는 한없이 있을 수 있지만 너무 복잡해지면 곤란하므로 이 세 가지만이라고 가정한다.

①의 경우, 이것이 컴퓨터 관련 하드기기 사업의 현금흐름 창출과 직접 관련이 없다는 것은 분명하다. (다만 버블기에 산 주식이 거래처 등의 것으로 그것을 일방적으로 매각하면 거래 관계가 악화가 되어 수익에 불똥이 튈 것이 분명하다면 이야기는 달라진다.)

③의 퇴직금·연금 채무의 적립 부족분도 미래 발생할 것이 확실한 채무라면 차입금과 같이 취급해야 한다. 그러나 적립이 손금으로 처리된다면 실제 부담은 세 효과를 감안하여 60% 라고 해도 지장이 없다.

②의 공장 부지에 관해서는 더욱 복잡하다. 공장 부지나 직원 사택·휴양소 같은 자산은 그것이 현재 사업에 사용되고 있거나 또는 우수한 직원을 채용하여 열심히 일하도록 하기 위한 필요 자산이라고 할 수 있다. 그러나 만일 그런 자산에 거대한 평가이익이 잠재되어 있다고 하면 매각하고 공장 등을 다른 장소로 옮기는 편이 나을지도 모른다. 여기서는 공장을 다른 장소로 옮겨 직원 대책 등 예상되는 모든 비용을 감안했을 때의 총비용이 200억엔 든다고 한다. 그 경우 토지 평가이익 500억엔 가운데 '사업 활동에 관계없다'고 인정되는 이익은 300억엔이 되는 셈이다.

새로운 공장 부지를 구입하지 않고 임차하면 비용은 더 싸질 것이다. 그러나 그 경우에는 미래의 토지의 임차료를 수지 예상에 반영하여 수정하지 않으면 안 된다.

이렇게 자산·부채의 가치 조정 부분을 직접 인수 금액의 조정 항목으로 할 것인가, 미래 현금흐름의 예상 속에 포함하여 현재가치로서의 기업 가치에 반영할 것인가는 서로 표리일체의 관계에 있다. 중요한 것은 양쪽에 반영되어 이중 계상 되거나 반대로 가치 산정에서 누락되지 않도록 하는 일이다. 이러한 작업은 실제로는 세무상의 영향도 고려하여 전문가의 자문을 제대로 받아서 진행해야 하므로 이 책에서는 기술적인 상세까지는 다루지 않겠다. M&A를 검토하는 회사의 경영자에게 중요한 관점은 '기업 가치는 현금흐름 창출에 필요한, 군살을 뺀 대차대조표에서 나온다'는 것을 명심하면서 대상 회사의 재무제표를 음미하는 일이라는 것만을 강조해두고 싶다.

A사의 경우, 사업 활동에 무관한 자산과 외부 차입금을 조정한 순부채는 [7.5]와 같이 232억엔이 된다.

기업총가치 약 2,100억엔에서 이 약 230억엔을 뺀 1,870억엔이 '통상적으로' 산정한 회사의 가격이 된다. 이것은 매각자인 P사가 염두에 두고 있는 가격으로 해석해도 지장이 없다.

7.5 순부채 조정

항목		금액(억엔)	
자산측	현금 · 예금		150	①
	유가증권	장부가	100	②
		시가	80	③
	토지 · 설비 관계	장부가	20	④
		시가	520	⑤
		이관비	200	⑥
	합계	시가−이관비	550	①+③+⑤−⑥
		장부가	270	①+②−④
	매각익 과세	40%	112	X
	세 효과 조정 후 현금등가물		438	
부채측	퇴직급부 적립 부족액		200	
	세 효과 고려 후 실질부채액		120	
	차입금		550	
	합계		670	Y

순부채	232	Y-X

▶ 2. **실력파 외국계** 기업 X사가 나서면 **가치가 달라진다**

X사는 유럽의 대형 종합 전자제품 회사이다. A사의 모회사 P사와는 전략 방침이 달라 A사 사업 분야에서 세계 리더가 되는 것을 목표로 하고 있다.

일본에서도 이미 10년간 사업을 전개하고 있지만, 규모는 A사의 1/4 정도이고 판매망 조직과 브랜드에 대한 일본 소비자의 신뢰가 아직 부족하여 고전하고 있다. A사의 매각은 X사에게 일본 시장에 확고한 사업 기반을 구축하여 세계 리더가 되기 위한 절호의 기회라 생각하고 반드시 인수하겠다고 벼르고 있다.

X사 내에 결성된 인수 프로젝트 팀은 이미 외부 자문기관의 도움으로 듀 딜리전스를 마치고 일반적인 매수 가격 산정 모델의 작성까지 완료했다. 이제부터 유럽 본사 경영회의를 위한 설명 자료를 작성하여 상한선을 얼마로 할지에 대한 승인을 얻고 나서 협상에 임하고자 하는 단계이다.

X사 특유의 사정을 열거하고 그것이 어떻게 매수 가격 산정 모델에 반영되는지 검토하자.

생산비용 시너지

- A사는 부품 대부분을 타이완에서 수입하고 있다. X사는 이미 중국과 타이완에 생산공장을 갖고 있으며 거기서 부품의 제조부터 완성품까지 일관된 생산이 가능하다. 이로 인해 제조원가는 1~2%포인트 내릴 수 있다.

- X사의 일본 자회사는 최종 공정과 품질 관리, 물류센터를 위한 부지와 설비를 지방에 보유하고 있다. 지방자치체의 산업육성보조금이나 투자우대제도가 있고, A사의 현재 공장 설비를 저비용으로 이관할 수 있다. 이관비용은 앞서의 200억엔보다 싼 150억엔으로 추정되고 1년 이후에는 이동 가능하다.

- A사 경영진이 경쟁력 강화를 위해 제안하는 향후 2년간 200억엔의 추가 투자는 X사로서도 반드시 실행해야 한다고 생각하고 있다. X사의 기존 설비, 노하우를 도입하면 1년차에 100억엔만 투자해도 충분하다고 추정된다.

판매관리 시너지

- X사의 일본 자회사는 A사 본사에 흡수된다. 그럼으로써 양사 통합 판매관리 비용이 2년차 이후 연간 30억엔 합리화된다. 그 합

리화를 달성하기 위해 초년도에 구조조정이 필요하다. 일본에서 구조조정은 쉽지 않은 일이므로 도덕적 해이를 초래하지 않도록 진행하여야 한다. 초년도에 퇴직금 적립 부족분 200억엔을 모두 경비 계상하고 조기퇴직 희망자를 모집하는 것으로 한다.

연구개발 시너지

• A사의 연구개발력은 정평이 나 있어, 오히려 X사 측에서 세계 진출을 위해 더욱 분발해야 한다. 일본에서의 연구개발비는 증가하지만 그만큼 X사 본국에서의 연구개발비를 합리화한다. 그 합리화 이점이 전사 합계로 20억엔에 이를 것으로 추정되지만, 이것은 계산상 일본법인의 연구개발비 축소로 반영해둔다.

판매 예상

• 매수 후 2년간은 이행기에 어수선하여 매출이 감소할 것을 각오한다. 전년 대비해서 2년간 각각 △5%, △3%를 상정한다. 3년차 이후에는 그만큼 성장률을 올리고, 5년차의 매출을 현재의 수지 계획 수준으로 회복시키는 일은 충분히 가능하다고 상정한다. 마케팅을 강화하는 한편 일본 자회사 제품과 함께 효율적 영업을 할 수 있다면 더욱 매출을 증가시킬 자신이 있지만, 그로 인해 선전광고비, 판촉비 및 영업부 연수비용 등도 늘어나므로 5년차까지의 수지 예상에는 매출 촉진 시너지는 계상하지 않는다.

이상의 항목을 앞에서 설명한 매수 모델에 넣으면 **[7.6]**처럼 5년간 수지·현금흐름 계획이 완성된다. 참고로 A사의 공장 부지는 2년차의 사업연도 중에 이관을 종료하여 매각한다고 가정한다.

그리고 이 시나리오의 현금흐름을 현재가치로 치환한다. 할인율은 어떻게 해야 할까? 실제 매수 자금의 조달은 엔화로 하는 것이고, 모회사 X사는 일본에서의 차입금에 보증을 세우는 것을 승인하고 있기 때문에 실제의 자본비용(가중평균자본비용, WACC; 권말용어집 참조)은 상당히 낮게 억제할 수 있을 것이다. 여기는 5%라는 할인율까지 범주에 넣어 설명 자료를 작성한다.

이상의 전제들을 반영하여, **[7.4]**와 같은 현재가치 산정 매트릭스를 작성한다. 결과는 **[7.7]**과 같고, 할인율 5%까지 상정하면 기업 가치는 3,000억엔 가까이로 뛰어오른다.

약 3,000억엔의 기업총가치에 조정된 순부채를 더한다. 부동산 평가이익이나 퇴직급부금 적립은 이미 잉여현금흐름 산정에 반영했으므로 이것은 이중 계산하지 않도록 제외하여야 한다. 순부채 조정액은 312억엔이 되어 프로젝트 팀의 결론은, 'A사 매수에는 최고 2,700억엔까지 지불하는 것이 정당화될 수 있다' 는 것이 되었다. EBITDA 배율 15.9배, 프리미엄 59%라는 매력적 수지 제안이다. 그만큼 지불하는 영업권(매수금액 − 장부가 순자산)은 {2,700억엔 − 1,250 = 1,550억엔}으로 거대해지고, 매년의 영업권 상각이 X사 주주의 회계상의 1주당 순이익에 크게 마이너스의 영향을 끼친다. 그리고 매수 초년도인 2001년도는 특별손실 200억엔과 매출 감소로 150억엔의 적자가 나므로 A사를 연결하면 X사 전체의 이익이 크게 떨어진다. X사 주주도 쉽게 승인하지는 않을 것이

7. 6 X사에 의한 A사의 인수 후 수지 · 현금흐름 계획

X사 프로젝트 팀 작성 5년 수지 계획

손익계산서 (단위 : 억엔)	2000년도	2001년도	2002년도	2003년도	2004년도	2005년도
	실적	예상				
매출액	1,000	950	922	1,023	1,146	1,283
성장률		−5%	−3%	11%	12%	12%
매출총이익	370	333	341	399	470	526
매출총이익률	37%	35%	37%	39%	41%	41%
판매관리비	250	250	233	244	256	269
연구개발비	50	30	30	30	30	30
토지매각이익			500			
일시비용		200	150			
영업이익 (일시비용 고려 후)	70	−148	428	125	183	227
영업이익률 (일시비용 제외)	7.0%	5.5%	8.5%	12.2%	16.0%	17.7%
감가상각비	100	130	140	130	120	110
EBITDA	170	−18	568	255	303	337

잉여현금흐름 계산표
(단위 : 억엔)

	2001년도	2002년도	2003년도	2004년도	2005년도	5개년 합계
세후영업이익	−148	316	75	110	136	490
+ 감가상각비	130	130	130	120	110	620
− 설비투자액	200	100	100	105	110	615
+고정자산 감소		20				20
− 운전자금증가	−15	−9	30	37	41	85
잉여현금흐름	−203	375	74	88	95	430

다. 본사 경영진, 임원의 '세계시장 리더가 된다'는 비전에 대한 신념을 시험하는 제안에 대해 경영회의에서 논쟁은 필연적일 것이다.

상한 가격으로 2,700억엔을 경영회의에서 승인받는다는 내부 협상은 제쳐두고, X사가 이 가격을 처음부터 P사에 제시해서는 안 된다. 프

7.7 X사에 의한 A사 기업 가치 산정

(단위 : 억엔)

① 잉여현금흐름의 현재가치

할인율	5개년 계획
5.0%	358
6.0%	346
7.0%	334
8.0%	322

② 터미널 밸류의 현재가치

EBITDA 배율 할인율	9배	10배	11배
5.0%	2,376	2,640	2,904
6.0%	2,266	2,518	2,769
7.0%	2,162	2,402	2,522
8.0%	2,064	2,293	2,522

현재가치합계 ① + ②

EBITDA 배율 할인율	9배	10배	11배
5.0%	2,734	2,998	3,262
6.0%	2,612	2,863	3,115
7.0%	2,496	2,736	2,976
8.0%	2,386	2,615	2,845

리미엄의 원천은 어디까지나 X사가 낳는 새로운 기업 가치이므로, 그것을 매각하는 P사에 그대로 지불한다면 코미디가 된다. 자문사는 2,000억엔을 하회하는 가격에도 인수가 가능할 것으로 분석하고 있다.

프로젝트 팀이 실제로 어떠한 가격을 매각하는 측에 제시할까, 첫 카드로 무엇을 꺼낼까, 에 대한 협상 전략 검토에 들어갔을 때, 자문사를 경유하여 충격적인 정보가 들어왔다.

'미국의 유명한 기업 인수 펀드인 Y그룹이 일본용 인수 펀드로 모은 1,000억엔을 써서 A사 인수에 착수했다. 그들은 이미 확정 인수 금액을 매각자 P사에 제시하고, 매각자의 Yes/No 회답 기한을 1개월 후로 정했다'

A사의 회사 가치가 2,000억엔 정도이므로 1,000억엔의 펀드로는 매수할 수 없을 것이라고 팔짱만 끼고 있을 수는 없는 일이다. 자기의 출자금액을 최소한으로 억제하고 가장 높은 투자수익률을 실현하는 LBOLeveraged Buy-Out라는 방법을 구사하여 미국에서 커다란 회사들을 매수하는 Y그룹이다. 그 평가 방법을 검토하여 이미 매각자 테이블 위에 놓여 있는 경쟁 상대의 제시 가격을 추정하지 않으면 안 될 것이다.

▶ 3. **재무 마술사**의 아슬아슬한 곡예 – LBO

마지막으로, 매수한 가격과 동일한 가격으로 5년 후에 매각함으로써 거액의 이익을 올린다는 Y그룹의 방법에 관하여 조금 비현실적이지만 이해하기 쉬운 가정을 하여 검토해보자.

Y그룹은 일본에서 본격적으로 투자를 시작하면서 금융 재무 분야 전문가는 물론 생산비용을 극한까지 줄이는 데 탁월한 제조사 출신 전문가, 최첨단 마케팅을 통한 매출 향상 노하우를 지닌 마케팅 전문가를 채용했다. 미국에서 LBO 관련 사안이 있을 때마다 고위험의 융자를 도맡아 제공하는 Z은행의 동경지점과도 신뢰 관계를 구축하여 언젠가 일본 최초의 대규모 LBO를 스스로의 힘으로 이뤄낼 기회를 호시탐탐 엿보고 있었다. A사는 절호의 인수 목표가 된 것이다.

Y · Z 연합의 A사 사업 분석 결과는 아래와 같다고 가정한다.

- A사 경영진의 추가 투자 200억엔은 의미가 없다. 현재 가진 설비를 활용하는 편이 효율적이다.
- 생산거점은 현 설비의 상각이 끝나는 4년 후에 없애고 전체를 해외 위탁 생산으로 전환함으로써 경영진이 상정하고 있는 매출총이익률 향상을 달성할 수 있다.
- 매출은 대형 시스템 벤더 등과 연합, OEM식 판매, 그리고 소매를 인터넷 판매로 특화함으로써 경영진이 상정하는 수준을 달성한다. 재고나 매각 대금 관리를 강화함으로써 운전자금 증가는 고려하지 않는다.
- 이렇게 하여 5년 후에 A사는 제조설비나 독립 영업부서를 거의 갖지 않는 강력한 브랜드 파워와 판매 루트를 가진 '상품 기획형' 회사로 재탄생한다.

상세한 수지 예상의 수정은 여기서는 생략하고, 매수 검토팀의 결론으로 현 경영진이 계획하는 영업이익과 같은 이익 계획대로 대차대조표의 개조만으로 투자이익을 창출하는 구도를 생각하게 되었다고 한다.

매수 자금 조달, 가격 산정에 관해서 Y · Z는 아래의 방침에 합의했다.

- Y그룹에는 리스크가 높은 투자이므로 높은 기대수익률이 필요하다. 5년 후에 개선된 A사를 매각하여 연 환산으로 최저 30%의 투자수익률을 노린다.

- A사가 현재 보유하고 있는 잉여 자산을 인수 후 즉시 매각하여 그것을 인수 자금 조달액을 줄이는 데 활용한다. 기존 차입금은 기존 조건에서 그대로 둔다.

- Z은행은 7%라는 높은 금리를 요구하고 있다. 대신 4년 후 토지 매각 때까지 원금 변제는 기대하지 않고 자금 조달이 어려워질 때 최고 200억엔까지 추가 융자에 응한다.

- 단, 2년차 이후의 이자는 A사 현금흐름에서 조달할 수 있다는 예상을 포함하는 자금 조달 계획이 아니면 안 된다.

- LBO 융자금액이 전부 변제되기까지 배당은 없었다. 매년의 현금 잔고는 전액 융자를 갚는 데 충당한다.

Y · Z사의 정예팀은 이러한 전제들을 재무 모델에 반영하여 다양한 가격 산정, 융자 금액과 펀드 출자액 조합을 시뮬레이션하여 최종적인 인수 구상을 [7.8]과 같이 확정했다.

- 제시 인수 가격은 2,100억엔. Y그룹 펀드는 인수 금액의 10% 이상에 해당하는 220억엔을 출자한다. A사의 기존 자산 매각으로 230억엔을 짜내고, 나머지 1,650억엔을 Z은행이 LBO 융자로 제

공한다.

- 4년 후 낡은 설비를 폐기하고 토지를 520억엔에 매각, 차입금을 줄인다.

- 운전자금 관리를 강화하여 매출이 늘어도 운전자금 증가는 고려하지 않는다.

- 5년차에 회사를 매각할 때는 인수 금액과 동일한 2,100억엔을 상정한다.

7. 8 Y · Z 연합 LBO 자금 조달

Y · Z 연합 LBO 자금 조달

상정 매수 금액	2,100억엔

자금 조달

대상 회사 잉여금	230억엔	
LBO 융자	1,650억엔	(금리: 7.00%)
펀드 출자금	220억엔	
계	2,100억엔	

5년 후 매각 금액	2,100억엔
잔존 차입금 변제 LBO 융자	1,253억엔
펀드 회수액	847억엔
연율 환산 투자수익률	30.9%

그 결과, 5년차에 회사를 매각하고 남은 LBO 융자 잔고 1,253억엔을 전액 변제한 후 펀드의 몫으로 남는 금액은 847억엔이 된다.

220억엔의 투자가 5년 후에 847억엔, 투자수익률은 연 환산 30.9%, 펀드 목표를 웃도는 수익이 얻어진다는 계산이다.

Z은행은 연평균 100억엔 이상, 5년간 총액 600억엔 가까운 이자 수익을 얻는다.

인수에서 매각까지의 5년간의 이익 계획과 자금 조달 계획은 [7.9]와 같다. 1년차에 퇴직금 적립 부족을 한꺼번에 손실 계상하고 구조조정을 실시하므로 큰 적자가 발생하여 추가 융자가 필요해진다. 토지의 매각까지는 이자 부담이 크고 적자가 계속되지만 설비투자나 운전자금 증가가 없기 때문에 자금 조달은 플러스가 된다.

2,100억엔에 매수한 회사를 5년 후에 같은 2,100억엔에 매각한 데다가 투자 펀드와 융자 은행은 거액의 부를 거둬들인다. 이것이 LBO의 마술 같은 곡예이다. 그리고 표준형의 인수 모델로 산정한 1,870억엔이라는 '적정' 가격을 230억엔 웃도는 인수 가격 제안이 실제로 가능해진다.

이 사례는 어디까지 LBO다움을 강조하기 위해 몇 가지 전제를 단 것이므로 실제로 그런 일이 가능하다는 뜻으로 받아들여서는 곤란하다. 특히 설비도 평가이익도 없어진 A사가 정말로 같은 가격에 팔릴지, 그만큼의 안정 수익 기반을 5년 만에 구축할 수 있을지에 대해서는 의문의 여지가 있다. 현실 세계에서 Y그룹 같은 곳은 A사와 같이 미래 현금흐름이 불안정한 사업에 손을 대지 않는다. Z은행도 영업이익으로 이자 지불조차 할 수 없을 만한 수지 계획으로 1,650억엔이나 융자를 한다는 것은 상식적으로 생각하기 어렵다.

그러나 LBO의 본질적인 부분, 즉,

① 현금흐름 창출을 극대화하도록 설비투자를 억제하고 매각할 수 있는 자산을 매수 후 신속하게 매각한다

② 차입금을 한계까지 확장해서 이자 지불 금액을 늘림으로써 세금을 아낀다. 본 사례에서는 거기에 더하여 일시비용의 손실 200억엔에 관해서도 손실이 5년간 이월 가능한 세제를 이용하여 4년 후 토지 매각 이익의 과세를 줄이는 데 사용하고 있다.

③ 레버리지를 걸어 매수 자금의 90%를 차입금에 의존하는 과소 자본의 부채·자본 구성을 함으로써 리스크를 부담한 펀드 투자자에게 커다란 수익을 돌려준다

는 점들에 대해서는 이해할 수 있었을 것이라 생각한다.

7. 9 LBO 후의 이익 · 자금 조달 계획

[이익 계획]   (단위 : 억엔)

	2000년도	2001년도	2002년도	2003년도	2004년도	2005년도
영업이익	70	61	62	91	142	161
차입이자 지불		129	141	141	140	104
경상이익		−69	−79	−50	2	57
경상이익(손실)		−200	0	0	500	0
법인세 등		0	0	0	42	23
세후순이익		−269	−79	−50	460	34

[자금 조달]   (단위 : 억엔)

	2000년도	2001년도	2002년도	2003년도	2004년도	2005년도
세후순이익		-269	-79	-50	460	34
+감가상각		100	80	60	40	0
−설비투자		0	0	0	0	0
+고정자산 감소					20	
−운전자금 증가		0	0	0	0	0
=변제 원금		-169	1	10	520	34
LBO 융자 잔고	1,650	1,819	1,818	1,808	1,288	1,253

제8장
'좋은' M&A와 회사 경영

M&A에는 사회 전체에 플러스가 되는, 즉 부가가치를 낳는 M&A와 크기가
일정한 파이를 자르는 방법만 바꿀 뿐인 M&A가 있다고 해도 좋다. 중복 투
자를 피하고 사업의 효율성을 높여 새로운 사회 혁신 에너지를 활성화하는
M&A는 '좋은' M&A라 할 수 있다.

이상으로 M&A 실무 현장에서 어떻게 가격 산정과 흥정이 일어나는지 그 대강을 소개해보았다. 마지막 사례에서 LBO 투자그룹과 리스크 융자를 제공하는 은행에 거액의 이익이 생길 수 있다는 점에 대해서는 찬반양론이 있을 것이다. 설비투자도 하지 않고 생산을 해외로 이전하고 세금도 되도록 안 내는 방향으로 하겠다는 자세의 경영이 거액의 이익에 걸맞은 부가가치를 낳은 것일까? 잘 되면 금융 관계자만 대박이고, 잘 안 되면 도산하여 직원이 길거리로 내몰리는, 그러한 M&A가 유행하는 것이 과연 바람직한 일일까?

1980년대 후반 LBO에 의한 강제적 인수가 활발히 이루어진 미국에서도 비슷한 논쟁이 한창이었다. 지금부터는 마무리 삼아 자본주의, 시장원리, 기업 가치 창조 등의 '공통 언어'의 틀 안에서 M&A 활동이 어떠한 역할을 하고 있고, 또 할 수 있는지에 관하여 검토해볼 것이다.

▶ 1. 좋은 M&A란

Win–Win 원칙

지금까지의 설명에서 분명히 나타난 것처럼 M&A에는 사회 전체에 플러스가 되는, 즉 부가가치를 낳는 M&A와 크기가 일정한 파이를 자르는 방법만 바꿀 뿐인 M&A가 있다고 해도 좋다. 중복 투자를 피하고 사업의 효율성을 높여 새로운 사회 혁신 에너지를 활성화하는 M&A는 '좋은' M&A라 할 수 있다.

M&A에서 회사 가치를 산정할 때 특징적인 것은, 경영 지배권에 대한 가치로서 컨트롤 프리미엄이 더해진다는 점에 있다. 그 프리미엄의 실체 가운데 가장 중요한 부분은,

대상 회사의 미래 현금흐름 전망을 스스로 바꿔 그릴수가 있다

는 점에서 찾을 수 있다. 현재의 연장인 수지 계획과 매수 후에 각

종 방안을 고안한 계획, 양쪽을 만들어 인수 가격 산정 모델에 수치를 넣어봄으로써 기업 가치에 커다란 차이가 발생한다는 것은 사례를 통해 제시한 그대로이다. 이 차이가 새롭게 창조되는 기업 가치라 할 수 있고, 프리미엄을 지불하는 근거이며, M&A가 매각자에게나 인수자에게나 이점이 있는 Win-Win 거래가 되는 이유이다.

주주의 이익과 **사원**의 이익

- Win-Win의 M&A라고 해도 그것은 매도자 주주와 매수자 주주 사이의 이야기일 뿐 매매의 대상이 되는 회사와 그 직원은 자본가에게 착취당하는 피해자가 아닌가
- 매각되면 합리주의적인 경영자가 들어와 직원 대량 해고나 공장 폐쇄를 실시한다. 주주만 큰돈을 벌고, 그 폐해가 실업이나 지역 커뮤니티 침체라는 형태로 노동자 등에게 강요되는 것은 부당하다

이런 주장에도 일리가 있다. 앞의 LBO 투자에 의한 인수 사례는 그런 식으로 받아들여질 수 있는 전형적 케이스인지도 모른다.

물론 눈앞의 이익만을 생각하고 주식을 매매하는 것이 투자자 주주의 본성이다. 그러한 '여하튼 어떻게 해서라도 돈을 벌게 해달라'는 것 말고는 생각이 없는 주주들에게 휘둘리는 것은 사회 전체의 균형 있는

발전과 양립하지 않는 국면이 있을 수 있다. 1980년대 일본 제조업의 국제 경쟁력이 미국에 위협이 되던 시기, 미국에서는 '일본 기업과 같이 장기 안정적인 경영을 실천하지 못하고 주주의 단기적인 이익 추구에 응해야만 하는 미국 기업은 국제 경쟁력이 떨어진다'는 주장이 활발히 전개되었다.

그러나 한편으로 주주 이익 극대화에 경영 목표를 집중하여 군살을 빼고 수익력 높은 회사를 만들고자 하는 경영자들의 노력을 통하여 1990년대 들어 국제 경쟁력을 갖추게 된 미국 회사들도 많다. IT, 인터넷과 같은 새로운 분야의 산업 혁신도 한발 앞서 이룩했다. 이것은 주주 지상주의로 인해 가능했던, 혹독하지만 다부진 합리주의적 사회관의 결과라 할 수 있을 것이다.

'기업 가치를 높인다' '회사의 이익을 지킨다'라는 현 경영진의 의무는 미국에 있어서는 '주주의 이익을 극대화한다'는 의무와 같은 의미다. 서두에서 말한 대로, '기업 가치'에 해당하는 영어는 통상 Shareholders' Value(주주가치)인 것이다. 따라서 현재 주가에 프리미엄을 얹은 가격에서 인수 제안이 있었을 경우, 그것을 경영진이 거절하면 역으로 주주로부터 '모처럼 돈을 벌 기회를 경영진 때문에 뺏겼다'고 소송 당할 위험까지 안게 된다.

한편, 많은 일본인에게 '회사의 이익 = 주주의 이익'이라고 단순하게 정의할 수 없다고 생각하는 것이 자연스럽다. 회사는 거래처, 주거래 금융기관, 직원, 고객, 지역 커뮤니티 등등 다양한 이해 당사자로 이루어져 있으며, 주주만의 이익을 생각한다면 진짜로 세상에 공헌하는 기업 사회는 구축할 수 없을 것이다.

이러한 입장은 총론으로서는 설득력이 있다. 실제 미국에서도 진짜 우량 기업이라 불리는 회사는 모두 주주 이외의 이해 당사자(스테이크 홀더 Stake Holder)에 대한 섬세한 배려를 하고 있다. '회사에 관련된 모든 당사자의 이익의 균형을 맞추는 일이 주주이익의 극대화로 이어진다'는 신념으로 회사를 경영하고, 그대로의 실적을 올리고 있는 것이다. '직원이나 거래처의 이익을 지키면서도 사회 혁신의 에너지를 창출하는 주식 시장을 만들 수 있는가?' 이것이 지금 우리에게 던져진 질문이다. 경제의 고도성장 시대가 끝나자마자 방향감각을 잃은 듯 보이는 우리 기업 논리는 세계가 납득할 수 있는 답을 하고 있다고는 볼 수 없는 것이 지금의 모습이 아닐까.

경우에 따라서는 주주의 이익을 해쳐서라도 사원이나 거래처의 이익을 지키지 않으면 안 된다

라는 회사 이념이 있을 수는 있지만 그렇다면 이해 당사자끼리 주식을 보유하며

주식 투자 가치의 증대를 탐욕적으로 추구하는 주주는 사양합니다

라고 밝히는 것이 도리일 것이다. 요컨대 주식을 상장하여 불특정 다수의 자금을 모아 회사에 가격을 붙여 시장에서 자유롭게 팔고 사게 해서는 안 된다는 말이다.

주주 이익과 사원 이익을 일치시키는 방법 - ESOP LBO, MBO

미국의 직원은 피해의식 속에서 불평불만만 하고 있지는 않는다. 그 대표적인 사례로 유나이티드항공의 예를 살펴보자. 이 회사는 1980년대 말부터 90년대 초에 걸쳐 주가가 침체되고 기업 인수 위협에 노출되어 있었다. 회사 경영진은 회사 이익을 늘려 주가를 끌어올리기 위해 대폭적인 비용 삭감 정책을 실시하려고 했다. 이러한 환경 속에서 유나이티드항공의 직원들은 결속하여 자신들의 퇴직금 등을 사용하여 회사의 주식의 과반수를 사들이는 결단을 내렸다. ESOP(Employee Stock Ownership Plan, 우리사주신탁제도) LBO라 불리는 인수 방식이다.

미래의 퇴직금 적립만으로 회사를 인수할 수 있는 것은 아니므로 당연히 외부로부터 빌린 돈으로 주식 취득 자금을 조달해야 한다. 차입금을 변제하면서 직원의 임금과 생활 안정을 확보하기 위해서는 사원이 똘똘 뭉쳐 수익 향상을 반드시 달성해야 한다. '자기들의 직장을 스스로 지키기 위해 빚더미에 올라앉은 회사의 도산 위험을 부담하면서 외부에서 갑자기 나타난 인수자나 안이한 구조조정으로 이익을 짜내려는 경영자에게 경영을 맡기지 않고 직원들 스스로의 손으로 행한다.' 자본주의 룰 속에서 정정당당히 싸우는 모습은 고결하고 감동적이기까지 한 사례라고 생각한다.

MBOManagement BuyOut라는 방법도 이것과 아주 비슷하다. 이것은 회사 경영진이 주도하여 행하는 것으로, 직원이 중심이 되었던 유나이티드항공의 사례와는 약간 차이가 있지만 '빚을 져서 회사 주식을 스스로 산다'는 점에서는 같은 발상이며, 그 방법은 앞서 설명한 LBO와 기본적으로 다르지 않다. 매수 방식을 간단히 도해하면 [8.1]과 같다.

MBO는 1980년대 후반 이후 주로 영국에서 활발히 행해지고 있다. 이 방법은 대처 정권 하 산업 재활성화 움직임 속에서 탄생했다. 관료적 보수적으로 흐르기 쉬운 대기업 아래 있는 그 자회사나 사업 부문 경영진들이 모회사로부터 독립을 꾀하고, 투자 그룹이 자금과 인력 차원에서 도와준다는 구도이다. 모회사로부터의 독립이라는 아이디어는 현재의 일본 기업 풍토에도 잘 맞는 부분이 있고, 현재 경영진이 그대로 경영을 계속한다면 외부로부터 엉뚱한 경영자가 갑자기 영입되는 기존의 기업 인수에 비해 직원의 지지와 협력도 얻기 쉽다. 그러한 이유에서 외국계 투자펀드 중에는 MBO 투자에 적극적인 곳이 많고 일본에서도 최근 들어 몇 건의 MBO가 성립하고 있다.

회사나 사업이 가진 능력을 최대한 끌어내어 기업 가치를 창조하는

8. 1 MBO(Management Buy-Out) 개괄

① 경영진이 S사를 P사로부터 인수하고 싶다는 뜻을 F사에 밝힘

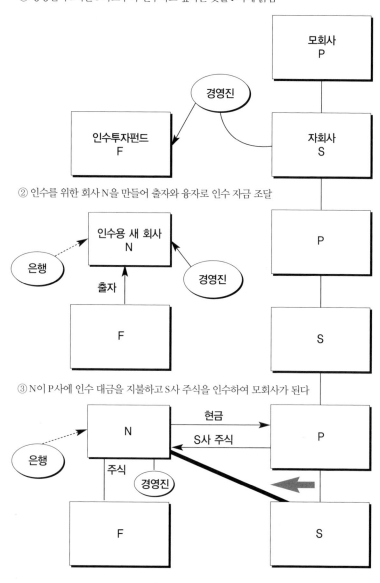

② 인수를 위한 회사 N을 만들어 출자와 융자로 인수 자금 조달

③ N이 P사에 인수 대금을 지불하고 S사 주식을 인수하여 모회사가 된다

것이 경영이라는 일이다. 그렇게 할 수 없거나 또는 달리 더 하고 싶은 일이 있기 때문에 그 대상 회사나 사업은 버려지고 팔려간다. 이 냉정하게 경영 판단을 하는 일은 주주에 대한 경영자의 의무이다.

매각 대상이 된 회사나 사업 입장에서도 버리는 모기업을 저주하거나 언제까지나 들러붙기보다는 새로운 오너를 찾는 편이 이익이 된다고 깨끗하게 마음을 정리하는 편이 새로운 활력도 생겨나지 않을까 싶다.

▶ 2. 좋은 M&A를 하기 위해서는

M&A는 이렇게 사회, 경제를 효율화하고 활성화하는 역할을 할 수가 있다. 그러나 실제로는 M&A 결과가 생각 같지 않고 매각 주주만 현금을 얻어 좋을 뿐 인수자나 그 인수 대상 회사 직원도 불행해지는 경우가 많다. 좋은 목적의 M&A가 좋은 결과의 M&A가 되지 않는 일이 많은 것은 왜일까? 인수 계획의 진행 방식과 협상, 그리고 인수 후 경영 체제 구축에 그 열쇠가 있다.

좋은 M&A 협상과 좋은 M&A – 외부 전문가의 역할과 한계

좋은 M&A를 실시함에 있어 우수한 외부 전문가 팀의 역할은 분명히 크다. 비싼 수수료를 지불하면서까지 일류 전문가를 고용할 필요가 어디에 있느냐는 소리를 종종 듣곤 하는데, 외부 전문가들이 인수 당사자의 조직이 갖추지 못한 기법과 지식을 갖고 있는 것은 분명하다. 우수한 외부 전문가는 인수 협상에 결정적인 차이를 가져오고, 그것이 인수 후 회사 경영의 성패에 커다란 영향을 준다. 파이낸셜 어드바이저, 변호사, 회계사 및 세무사라는 전문가별로 그 분야를 들어보자.

파인내셜 어드바이저

투자은행, 증권회사, 은행 등이 맡는 경우가 많다. 대형 회계사무소도 마찬가지 기능을 한다.

그들이 가장 실력 발휘를 하는 부분은 기업 가치 산정과 협상이다. 경영의 공통 언어를 사용하여 같은 가격 산정 방식을 공유하고 있어도 회사 가격은 인수자에 따라 변화한다. 어떤 회사를 비슷한 회사로 택하여 배율을 참조하느냐에 따라서도 달라지고, 미래 수지 예상을 하는 방법에 따라서도 달라진다. 할인율에 따라서도 인수자의 자금 조달 방법에 따라서도 달라진다. 그리고 무엇보다도 매각자가 어떤 사정으로 팔려고 하는가, 인수자는 어떤 회사나 투자자들이 후보로 경합하는가에 따라 최종적인 교섭의 타결점은 변화한다. 회사의 '적정 가격'이란 결국 그러한 것이다. 그렇기 때문에 경험이 풍부한 전문가가 어드바이저 역할을 할 필요가 있다. 매각자와 인수자가 만나는 것이 시장이므로 시장의 열기나 경쟁 상황에 대해서는 그 시장을 피부로 느낄 수 있는 사람만이 적확한 판단을 내릴 수가 있다.

산정된 가격을 '적정하다'고 인정하기 위해 가장 중요한 관점은,

다른 온갖 선택지를 검토한 결과 이 거래의 성립이 주주에게 타당
한 것이라고 할 수 있다

는 점일 것이다. 적정하고도 최고로 좋은 가격을 끌어내기 위해 필
요한 것은

- 상대측의 사정, 사고방식을 탐색한다
- 다른 선택지를 검토하여 거기에서 얻어지는 투자 가치와 비교한다
- 거래가 성립하지 않으면 상대에게 곤란할 것 같은 선택지를 조금
  씩 흘린다

등의 작업이다.

전형적으로는 어드바이저의 능력은, 매각자의 어드바이저라면 많
은 인수자 후보를 경쟁에 붙이고, 인수자의 어드바이저라면 매각자가
어떤 다른 선택지를 갖고 있는가를 분석하는 능력이라고 할 수 있다.

이러한 가격 협상 능력은 정보력, 축적된 경험, 투자자로서의 시장
감각 등으로 뒷받침되는 것으로, 역시 전문가의 능력 발휘가 요구되는
세계이다.

그밖에 인수 자금 조달이나 지불 방법에 대해 검토하고 실제 조율
하는 것 등은 말할 필요도 없다.

법률사무소

경험이 풍부한 M&A 변호사나 법률사무소는 '좋은 인수 협상'에 대해 크게 다음의 두 가지 역할을 한다.

① 대상 회사의 듀 딜리전스(현장 및 자산 실사)를 행하여 숨겨진 채무나 뜻밖의 손해, 비용이 인수 후 발생할 것 같은 분야를 걸러낸다.

② 인수 계약 조인, 대외 발표부터 인수 대금의 지불과 모든 권리의무의 이전Closing에 이르는 교섭의 흐름 가운데

- 매수의 전제로, 공개된 자료에 거짓이 있을 경우
- ①에서 상정한 리스크가 현실화한 경우
- 경제 환경 등 사정이 크게 변화해버린 경우

등의 사태로부터 어떻게 스스로를 지키고 상대방이 도망가지 않게 할 것인가를 계약서 내용에 빠짐없이 포함시킨다.

당사자끼리 대의적으로 합의했다고 생각하고 있어도 막상 문서화해보면 다양한 문제가 남아 있음을 깨닫게 된다. 있을 수 있는 모든 사태를 상정하고 그것에 대하여 양보할 것은 양보하는 대신 어떤 부분에서는 양보하지 않을지 등 대국적 관점의 판단을 더하여 교섭을 하고 합의점을 끌어낸다. 이 또한 실전에서 연마된 M&A 변호사만이 할 수 있는 예술의 영역이다. 역으로 말하면 그러한 변호사의 지원 없이 교섭을 하고 계약을 맺으면 인수 후에 뜻밖의 큰 짐을 지게 될 수 있는 것이다.

세무사 · 회계사 사무소

이쪽도 M&A 거래 경험이 풍부한 전문가만이 가진 부가가치가 큰 분야이다. 통상 회계사무소라 하면 결산 감사를 해주는 감사법인을 떠올리기 쉽지만 M&A에 있어서 회계사무소 역할은 약간 다르다. 감사라는 것은 회계상 규칙대로 숫자가 만들어지고 있는지를 확인하는 작업인데, M&A에 있어서는 오히려 규칙대로이기 때문에 반영되지 않는 기업의 실체 부분에 조사가 미친다. 회계사무소나 세무사가 능력을 발휘하는 분야는 다음 두 가지에서 찾을 수 있다.

① **듀 딜리전스** : 대상 회사의 가격 산정의 기초가 되는 수치를 검증한다. 제6장에서 검토한대로 가격 산정에서 중요한 두 가지 요소는

- 수지 계획의 출발점이 되는 최근의 실적 수치에 부풀리거나 손실을 이월시킨 것이 포함되어 있지 않은지를 확인한다
- 순부채의 조정에 상당하는 금액을 자산 · 부채의 시가 기준으로 대차대조표에 반영되어 있지 않은 것까지 망라하여 산출한다

는 것이며, 여기서는 포괄적인 회계 지식을 총동원하여 대상 회사의 진짜 모습을 밝혀낼 필요가 있다.

② **세무 플래닝** : 기업 가치가 현금흐름으로 수중에 남는 돈의 현재 가치인 이상, 당연히 그것은 지불해야 할 세금을 차감한 후의 것

이 된다. 또한 인수 거래 자체로부터도 다양한 세금이 발생한다. 이것을 거래 전체의 입장에서 검토하여 거래의 형태나 인수 가격의 각 자산에의 배분 등을 통해 지불 세금을 어떻게 합법적으로 절약할 수 있는지를 제안한다.

전문가의 일과 **당사자**의 일

이정도로 M&A에 필요한 모든 것을 망라했다고는 볼 수 없다. 그러나 이것만으로도 모든 전문 지식을 조직 내에서 갖추는 것은 무리라는 점이 분명히 보일 것이다.

오히려 인수 당사자는 그런 분야는 전문가에게 맡기고 본래 해야 할 중심 부분의 일, 즉 인수 후 사업 시나리오를 면밀히 작성하고 수지 계획을 만들어 필요한 경영 자원을 갖추는 데 집중해야 한다. 이러한 일은 당사자가 아니면 할 수 없다. 물론 경영 컨설턴트 등 외부 전문가에 의존할 수 있다. 그러나 외부자는 결국 외부자이며, 사업 운영의 현장 문제에까지 시선이 닿지 않고 수지 계획의 타당성이나 실행 가능성에 책임을 질 수 있는 입장은 아니다.

호화로운 외부 전문가 팀에 고액의 수수료를 지불하고 '좋은 M&A 협상'은 할 수 있을지언정 '좋은 M&A'는 할 수 없다. 마치 '불상은 만들지만 혼은 불어넣을 수 없는' 인수가 되는 것이다.

좋아야 할 M&A와 **좋은 결과**의 M&A의 차이

시너지 효과나 전략적 의의를 강조하여 인수자가 장밋빛 수지 계획을 그리는 것 자체는 간단하다. 그 계획에 기초하여 현재가치를 산정하면 가격을 과감하게 제시할 수 있다. 그리고 매력적 가격만 제시할 수 있다면 협상은 유리하게 진행할 수 있다. 이것이 곧 '좋은 M&A'인 것일까?

그렇게 이뤄진 기업 인수 가운데 그 후의 경영이 수지 계획대로 이뤄진 경우는 많지 않다. 수지 예상을 너무 후하게 했거나 인수 전에는 보이지 않던 '지뢰'가 폭발하여 비용이 늘거나 해서 인수 후 경영에 고전을 면치 못하는 것이 보통이다.

'좋아야 할' M&A를 정말 '좋은 결과의' M&A로 만들기 위해서는 무엇이 중요할까?

나의 경험에서 말할 수 있는 것은 다음과 같다.

우선, '위험하다'는 것이 한눈에 보이는 기업 인수가 있다.

그것은 인수 결단을 한 경영진과 실제로 인수 후 회사를 운영하는 멤버와의 의사소통이 충분하지 않은 경우이다.

M&A 협상은 비밀리에 진행할 필요가 있기 때문에 보통 최고경영진이 진두지휘한다. 그러나 그들 자신이 대상 회사의 사업 운영에 대한 현장 지식이 없는 경우, 아무래도 미래 예측이 미온적이고 구체성 없이 협상에 들어가 가격이 정해진다. 계약 합의에 도달하여 발표를 하고 드디어 실무팀이 꾸려진다. 외부 자문사인 투자은행 등이 팀의 구성원에

게 지금까지의 경위 등을 설명하지만 실무팀이 가격 결정의 근거가 되는 수지 계획을 보고, '이봐 잠깐, 누가 이런 무책임한 계획을 세운 거야!'라며 기 막혀하는 또는 김빠진 분위기가 조성되는 일이 있다. 심지어는 '경영진에게는 우리들이 미처 모르는 비전이나 전략이 있겠지만 솔직히 말해서 왜 우리 회사가 지금 이 인수를 해야 하는지 이해할 수 없다. 자문사 여러분은 사장에게 어떤 이야기를 듣고 있는지 알려달라'고 물어오는 일도 있다. 이러한 M&A는 대체로 나중까지 속을 썩인다.

몇 번씩 되풀이하지만, 프리미엄이 붙은 '적정' 인수 가격은 인수자가 그리는 미래 수지 계획과 그 달성을 위한 헌신에 의해 정해지는 것이다.

그 수지 계획에 혼이 들어 있지 않다면 치명적인 문제이다. 투자은행 등의 자문사는 나름대로 조사를 하고 다른 사례에서의 경험에 근거하여 '외부자'로서 수지 예상 시뮬레이션을 실시하지만, 그 이상을 기대할 수는 없다. 그들이 작성한 수지 계획을 그대로 받아들여 '그들이 다 해준' 가격 평가로 인수를 결정하면 앞에서 말한 것 같은 사태에 빠지기 쉽다.

좋은 M&A를 시행하기 위한 체제

결과적으로 만족스러운 M&A를 하기 위한 기본으로

인수 협상은 인수 후 그 회사의 대표권을 갖고 경영에 관여할 사람이 직접 한다. 협상의 전제가 되는 대상 회사의 실태 조사팀도 그 사람이 조직한다

는 것이 나의 지론이다. 그 담당 책임자의 보수나 보너스도 가격 결정의 전제가 되는 수지 계획의 달성도와 연계하여 정하면 더욱 좋다. 그렇게 함으로써 인수 프로젝트 팀은 대상 회사의 문제점, 개선 계획, 필요한 인재, 자금 등에 관해 면밀히 조사 검토하고 현실적인 수지 계획을 세울 것을 기대할 수 있다.

끈끈한 **일본 조직 고유의 문제**

외국 기업, 특히 미국 기업의 경우 경영자 자신이 인수 협상을 하고 의사결정을 한 후라도 인수 후의 경영 체제를 정비할 여유가 있고 별 문제가 없다. 그 이유는 한마디로 말해 '조직 자체가 드라이하기 때문'이라고 생각한다. 종신고용이 전제되지 않고 보수에 따라 회사를 여기저기 옮겨 다니는 것이 일상적인 풍토에서는 조직 구성도 교환 가능한 부품의 집합체 같아진다. 어느 날 갑자기 누가 그만둬도 어떻게든 굴러가게 되어 있는 것이다. 그것은 그 자리의 보충이 용이하다는 말이기도 하고, 그 밑에서 일하는 부하들도 언제나 마음의 준비가 되어 있다는 말이

기도 하다. 느닷없이 자기 회사가 잘 모르는 회사에 인수되고 새 경영진이 넘어오더라도 그 자체에 알레르기 반응을 보이지는 않는다.

이에 비하여 일본 조직은 보다 복잡하고 유기체처럼 얽혀 있는 것 같다. 최근 인재의 유동화가 급격히 진행되고 있다고는 하나 어디를 가더라도 즉시 일을 시작할 수 있을 만한 '경영의 프로페셔널'이라 불리는 인재층은 빈약하다. 설령 미국적 의미에서의 경영 전문가가 있다고 해도 일본의 전통적 회사 속에 들어가 곧바로 직원들에게 받아들여지고 리더로 인식되기 위해서는 상당한 인격자일 것이 요구된다.

'지금부터 내가 보스다. 보스의 방침은 이러이러하니 모두 거기에 따르도록. 의견이나 제안은 환영하지만 결정은 내가 한다'라고 연설하면 미국의 직원은 당연하다는 얼굴로 이야기를 듣는다. 그러나 일본에서라면 '회사 사정은 아무것도 모르면서 잘도 말하네. 어디 솜씨 구경이나 좀 해야겠다' 하고 냉소적으로 받아들일 직장인이 대부분일 것이다.

즉, 일본의 회사는 낱낱이 분해하여 필요한 부품을 교환하고 원래대로 다시 조립하면 금방 작동하는 기계라기보다는 유기적인 생물에 가깝다. 안이하게 장기를 이식하여 고치려고 해도 예상도 못한 부분에 문제가 생겨 전체의 밸런스를 무너뜨릴 위험성이 높다. 적어도 나에게는 그렇게 보인다.

일본 기업을 인수할 때에 그 담당 책임과 팀 구성을 초기 단계부터 제대로 조직해둘 필요를 느끼는 것은 이러한 이유 때문이다. 조사 교섭 단계부터 당사자로 참여하면, 대상 회사의 풍토를 이해하거나 개인적 신뢰를 쌓을 기회가 생긴다. 인수가 발표된 후 동요하기 쉬운 대상 회사 직원과 시의적절하고 적확한 커뮤니케이션을 도모할 수 있다. 유기적인 생물에 가깝다는 것은 일본 회사 조직의 약점이 아니라 강점이다. 이 부분의 중요성을 인식할 수 있는 '인격자'인 경영자가 진두지휘한다면 결과적으로도 좋은 M&A를 실현할 수 있다.

▶ 3. 결국 **경영력**의 **싸움**

주주 기대에 부응하는 **경영**

중장기적인 비전과 목표를 내걸고 그것을 이루기 위한 전략을 찾고 구체적인 수지 계획을 세우고 실행을 위해 필요한 경영 자원을 모아 인재에게는 적정한 인센티브 보수를 준다.

좋은 M&A를 위해 필요한 포인트는 정확히 그대로 평소의 회사 경영에도 필요한 부분이다. 그로 인해 기업 가치는 향상되고 주가는 적정히 유지되며 인수 대상이 될까 걱정하지 않아도 된다.

투자 가치로서의 기업 가치는 미래 현금흐름의 현재가치로 결정된다

이 기본 원칙을 이해하고 그 구체적 산정 방법으로 서구에서 공유되는 '경영의 공통 언어'를 이해함으로써 '시장'에서의 가격 형성 방법

을 볼 수 있다.

그렇게 하면 어떤 지표를 갖고 경영을 지휘해야 기업 가치가 올라갈 것인가에 대해 비교적 명확하고 단순한 정책을 세울 수 있다.

주가 = 현재의 이익 · 현금흐름 × 배율

이라는 공식에서 주가를 적정히 유지하기 위해 경영진이 해야 할 일은 당장의 이익과 현금흐름을 높이는 일과, 그 배율을 다른 경쟁 회사보다 더 높게 유지하는 것, 그 양자의 밸런스를 적정하게 유지하는 일이라는 것을 알 수 있다. 배율은 PV = C / (r − g)라는 기업 가치 산정의 기본공식에서 (r−g)의 역수라는 것은 이미 표시했다. 배율을 높이기 위해서는 미래이익 · 현금흐름의 안정성을 높이고 성장성을 높이는 것이 전부이다.

주주의 관점에서 본 '경영의 질'을 높이기 위해 본부가 담당해야 할 기능을 보다 구체적으로 나타내면 다음과 같다.

경영 기획이라는 본사 직원의 역할은, 회사의 가격을 결정하는 이들 요소를 글로벌 스탠더드적 발상과 방법을 이용하여 예산 책정이나 중장기 사업 계획이라는 구체적인 숫자에 적용하여 그 실행 과정을 모니터하는 데 있다.

인사라는 관리 부문이 맡아야 할 전략적 역할은 계획의 실행에 필요한 인적 자원 배치를 행하고, 갖고 있는 힘을 최대한으로 발휘할 환경과 인센티브를 주어 필요한 능력의 개발을 돕는 일이다.

재무 부문은 경영의 방향, 성장 관리에 필요한 데이터를 시의적절하게 수집하고 분석하여 신속한 경영 판단 재료로 제공한다. 또한 제3장에서 구조를 설명하고 제7장에서 레버리지의 구조를 보인 것처럼, 대차대조표의 형태를 균형 있게 유지하는 일은 회사 가치에 커다란 영향을 미친다. 재무 부문의 직원은 사업 현금흐름을 효율적으로 창출하는데 공헌하지 않는 자산 때문에 비용이 더 큰 자금을 쓰고 있지 않은가를 끊임없이 확인하여 개선한다.

IR(Investor Relations, 대투자자 홍보)란 최고경영자와 경영 기획 직원이 정하는 그러한 계획이나 진척 상황 등을 주가 형성을 실천하는 시장 참가자에게 알기 쉬운 형태로 전달하는 것이 그 책임이 된다.

기업 지배구조(Corporate Governance)라는 단어가 유행하고 있는데, 이것은 경영진의 활동을 주주의 눈으로 항상 점검할 수 있는 체제를 갖추고 있는가 하는 관점이다. 사외이사를 다수 초빙하면 된다는 형식 문제는 아니다.

이러한 주주의 기대에 부응한다는 경영 관점에서 M&A를 파악하면, 그 본질은 '자기 회사뿐만 아니라 다른 회사에 대해서까지 경영상 과제와 그 해결책을 생각하고 실행하는 행위다'라고 할 수 있다.

이런 의미에서의 경영 능력이 있는 회사는 그렇지 않은 회사에 비해 아마도 보다 많은 부가가치(현금흐름)를 창출하는 시나리오를 그리는 일이 가능할 것이다. 이에 M&A가 벌어지고, 대상 회사가 원래 갖고 있으면서도 살리지 못했던 잠재 능력이 개화한다. 그 차이는 '프리미엄'으로서 일부 대상 회사의 주주에게도 환원된다. 매각 회사 주주에게나 인수 회사 주주에게나 직원에게나 플러스 효과가 크다.

적대적 인수는 악인가

적대적 기업 인수라는 말이 있다. 영어로는 Hostile Takeover, 회사 탈취라고도 번역되는데, 그다지 신사적은 어감은 아니다. 그에 대항하는 회사의 자세가 '탈취로부터 회사를 방어하는 것'이라 간주되고 있다. 경영진의 동의를 얻지 않고 일방적으로 인수하고자 하는 행위라는 점에서 '적대적'이라 불리고 그 공격으로부터 회사를 방어하는 것은 당연히 옳다고 생각하기 쉽다.

경영진의 동의 없이 회사를 인수할 수 있다는 생각이 그다지 와닿지 않을지 모른다. 이것은 회사 주인이 경영진이라는 착각에 근거한다. 회사의 주인이 주주라는 기본 원칙으로 돌아가 주주와 직접 주식 거래를 협상하면 회사를 매수할 수 있다는 것을 이해할 수 있다.

이것을 가능하게 하는 것이 TOB, 주식 공개 매수라는 제도이다.

적대적 **TOB**란

주식 공개 매수란, 불특정 다수인 주주에 대하여 거래소를 통하지 않고 신문 등에서 주식 매수를 공고하여 응모자를 모집하여 장외에서 매수하는 것이다. 시장 평가에 프리미엄을 붙인 가격으로 단번에 주식을 대량으로 사 모을 수 있다. TOB란 테이크 오버 비드Take-Over Bid의 약어로 영국에서 탄생한 제도이며, 미국에서는 텐더 오퍼Tender Offer라고 한다.

제도 자체는 원래 적대적인 것이 아니라 상장회사가 회사 매각을 결정한 경우에도 불특정 다수에 분산되어 있는 주식을 인수자에게 양도하기 위한 제도로서 이용된다. 그러한 경우 매각 대상 회사가 주주들에게 인수자의 TOB에 응하도록 제안한다.

단, 앞서 말한 대로 1980년대에 기업 탈취꾼들이 경영진도 모르게 갑자기 TOB를 걸어 회사 지배권을 차지하려 하는 행위가 활발해졌다. 회사도 허를 찌르는 인수 시도로부터 경영권을 지키기 위해 각종 방어 수단을 짜냈다. TOB가 성공하면 대개의 경우 그 회사는 해체되어 매각되었다. 그래서 TOB는 탐욕스런 개인이 선량한 회사를 탈취하기 위한 수법이라는 인식이 확산되었다.

TOB에는 '우호적'인 것과 '적대적'인 것이 있다고 한다. TOB의 제도상 그 구별은 분명하다. TOB가 걸린 회사는 그 TOB에 대하여 '의견 표명'을 할 수 있고, 그 내용은 '의견표명보고서'로서 제출·공표할 것이 의무화되어 있다. 이사회가 그 TOB를 지지하고 있는지 여부를 표명함으로써 '적대적'이냐 아니냐를 판단할 수 있다.

그러한 의미에서의 '적대적' TOB로 일본에서는 2000년에만 두 가지 사례가 있었다. 하나는 2000년 1월의 MAC의 쇼에이에 대한 공개매수, 또 하나는 2월의 독일 제약회사 베링거잉겔하임의 에스에스제약 공개매수이다. 베링거 사는 TOB를 통해 보유 주식 비율을 16.8%에서 35.9%로 끌어올려 회사의 중요한 의사결정에 관한 거부권을 확보했다. MAC는 모든 주식을 대상으로 TOB를 실시했지만 결국 주식은 6.5%밖에 모이지 않아 지배권 획득에는 실패했다.

'적대적'이라는 의미의 어려움

회사의 경영권을 둘러싼 싸움은 예로부터 끊이지 않았다. TOB라는 비교적 새로운 제도말고도 여러 형태가 있었다.

이사회의 쿠데타 : 독재적 사장이 어느 날 돌연 임원회의에서 긴급 동의를 얻어 해임된다. 미쓰코시의 오카다 사장 해임과 같은 예이다.

위임장 쟁탈전 : 주주들이 경영권에 관여할 수 있는 가장 큰 기회는 주주총회에서의 이사 선임일 것이다. 보통은 현 경영진이 임명한 이사 후보가 어렵지 않게 총회 승인을 얻지만, 경영진 비판세력이 독자 후보

를 세워 주주총회에 제시하는 일이 간혹 있다. 그 경우는 양 진영이 선거하듯 주주에게 호소하여 표를 쟁탈한다. 주주 대부분은 실제로 주주총회에 출석하여 투표하지 않고 투표를 누군가에게 위임한다는 위임장을 송부하므로 그것을 쟁탈한다고 해서 위임장 쟁탈전이라 불린다. 미국에서는 빈번히 일어나는 일이고 그래서 위임장 제출 권유를 업무로 하는 회사도 있지만, 일본에서는 위임장 권유 규정이 그리 유연하지 않은 면도 있어 실제 사례는 거의 없다.

그린 메일 : 시장 등에서 주식을 사 모은 자가 고가 매수를 회사에 요구하는 행위이다. 다른 주주를 제쳐두고 자기들의 주식만을 고가로 팔아치우려 한다는 점에서 주주로서의 정당한 권리 행사와는 다르다. 주주총회에서 약점 잡히기를 꺼려하는 경영진이 무대 뒤에서 주식 매입을 하기도 하여 사회적으로도 비판이 많다. '그린 메일'이라는 단어는 영어로 공갈·협박을 의미하는 '블랙메일blackmail'에 달러화의 녹색을 입힌 단어로, 보유 주식을 프리미엄을 붙여 되살 것을 회사에 요구하는 내용의 문서를 가리킨다. 그러한 문서를 보내는 사람을 그린 메일러라고 한다. 미국의 유명한 기업 탈취꾼corporate raider인 T. 분 피켄즈가 코이토제작소 주식을 28% 정도 모아 주주총회에서 자신을 이사로 임명할 것을 요구한 사건이 유명하다. 코이토 측은 피켄즈는 기업 가치를 높이기 위해 회사 경영에 참여하는 것이 목적이 아니라 장난을 쳐서 도요타 등 대주주에게 자신의 보유 주식을 고가로 사게 하는 것이 목적인 '그린

메일러'라고 논증하여 재판에서 승소했다.

동기가 주식을 고가에 팔아치우는 것이라면 그린 메일러지만 주식을 어느 정도 사 모은 다음 회사의 이사가 되어 자기 이익을 위해 회사의 신용이나 자산을 이용하는 경우도 있다. 일본의 전통적인 탈취꾼이라 불리는 그룹 중에는 자신이 보유한 회사에 융자하게 해서 회사로부터 자금을 빨아들이려고 하는 사람들도 있다. 곤란을 느낀 회사가 '주식을 고가로 거둬들일 테니 그만둬주십시오'라고 한다면 그린 메일러로 변신하는 것이다.

이상과 같이 회사의 경영권 쟁탈전에는 다양한 형태가 있지만, '적대적'인가 아닌가의 정의는 사실 어렵다. 주주 이익을 해칠 만한 독선적인 경영자를 이사회가 다수결로 해임시키는 경우는 적대적이라기보다 정의로워 보인다. 마찬가지로 주주 이익을 해칠 만한 한심한 경영을 하는 회사에 감시 역할을 할 사람을 보내고자 위임장 쟁탈전을 전개하는 사람들이 주주의 적, 회사의 적이라 불리는 것이 옳은 것인지 의문이 남는다.

이기면 충신이라고 다수결로 이긴 편이 정의라면, 적대적 TOB에 있어서도 마찬가지로 주주에게 지지받았는가의 결과가 나오기 전에 반사회적 이미지가 덧씌워지기 쉬운 '적대적'이라는 딱지를 붙이는 것은 이상하다.

경영진의 동의를 얻지 않고 갑자기 주주에게 인수 제안을 하는 것은 분명히 일방적이기는 하다. 그러나 과연 적대적이라 해야 할까.

제7장에서 본 A사의 사례만 해도 이상한 결론이 나기 쉽다. 이 사례에서 만일 인수 대상인 A사에는 비밀로 하고 모회사 P사와 X사가 직접 주식 매매 협상을 하면 이것은 A사 경영진에게는 적대적인 것이 된다. 그러나 A사 경영진 입장에서도 전략적 방향성이 다른 P사 밑에서 충분한 지원을 받지 못한 채 사업을 계속하기보다는 X사의 계열사로 들어가는 것을 환영할지 모른다. 그렇다면 P사와 X사는 우호적으로 협상하고 있고 X사와 A사도 적대 관계가 아니다. 굳이 따지자면 A사 경영진에게 미리 이야기하지 않고 X사와 협상에 들어간 P가 A사에 대해 적대적 관계에 있는 것이며, X사에 악인 딱지를 붙여야 할 이유는 없다.

'적대적'의 의미를 형식적으로 정리하고자 해도 불가능하고, 그러한 분류 자체에 중요한 의미는 없다는 것이 나의 견해이다. 적대적 인수가 사회악인 것이 아니라 사회악이 될 만한 인수를 나중에 적대적 인수라고 부르는 것에 불과하다. 그것을 표면적인 형식에 사로잡혀 획일적으로 분류하거나 현 경영진은 무조건 선한 쪽으로 단정 지으면 일의 본질을 잘못 이해할 위험이 있다.

그 관점에서 보면 오히려 인수의 동기나 목적에 초점을 맞춰야 할 것이다. '회사의 기업 가치를 훼손할 만한 인수, 자기의 이익을 위해 다른 주주를 희생하는 것을 목적으로 하는 행위는 비난받고 저지되어 마땅하다'는 것이다.

자기의 이익을 위해 공갈을 일삼는 탈취꾼이나 그린 메일러는 어느 정도 이해하기 쉽지만, '기업 가치를 훼손할 만한 매수'의 경우는 사안마다 달리 봐야 하는 것으로 단순하게 결론 내리기 어렵다. 왜냐하면 현 경영진과 인수를 신청한 쪽 중 어느 쪽이 보다 기업 가치를 훼손하였는가를 판단하는 것이 그리 간단한 일은 아니기 때문이다.

정통적인 **기업 방위** 수단

자기 돈으로 회사를 100% 인수할 의사가 있는 사람이 인수를 제안해온 경우, 그 인수자는 회사의 기업 가치를 더욱 증대시킬 자신이 있다고 가정하는 것이 자연스럽다. 보다 높은 가격으로 미래에 팔릴 승산이 없는 회사에 구태여 자기 자금을 투자한다는 것은 생각하기 어렵기 때문이다. 그럴 경우 경영진은 무엇을 근거로 그 인수를 저지해야 할까?

'그 인수자에게 경영을 맡기는 것보다 우리에게 맡기는 쪽이 기업 가치가 올라간다'는 논리 이외에는 없다. 본심을 말하자면, 오랜 세월 고생하며 계단을 올라와 겨우 손에 넣은 경영진의 지위를 지키고 싶다는 주장일 것이다. 그러나 그것은 현 경영진의 '자기 이익' 추구일 수 있으며, 그렇게 공언을 할 수만은 없는 노릇이다. 회사 경영자라는 것은 주주로부터 경영을 위임받은 입장이며 자기 이익 추구는 상법에서 말하는 '충실 의무' 위반이다.

상장기업의 경영진이 프리미엄이 붙은 인수 제안에 정정당당하게 반대를 표명하는 것은 가능하다. '주주가치는 장기적으로는 현 경영진 체제에서 보다 높게 실현할 수 있다. 그러므로 단기적인 프리미엄에 사로잡혀 주식을 팔아넘기는 것은 권장하지 않는다'라고 주장하는 것은 오히려 경영진의 책무라고 할 수 있다. 주주가치 창출은 안정된 고용 관계, 거래 관계, 금융기관 관계가 있을 때 비로소 달성할 수 있는 것이라는 주장을 경영진이 구체적인 내용을 담은 형태로 제시한다면 주주는 보다 현명한 의사결정이 가능할 것이다.

이러한 논리는 인수하는 측에도 마찬가지로 적용된다. 대상 회사의 직원, 거래처, 금융기관에 대해 인수 후 계획을 빈틈없이 설명하고 지지를 호소하는 노력을 하지 않으면 안 된다. 그것은 그들이 주주이기도 하기 때문이며, 거래처 관계 등 유지하고 싶은 무형의 회사 자산을 인수로 인해 훼손시키는 것은 좋은 일이 아닐 것이기 때문이다.

주주지상주의인 미국에도 이러한 정공법의 인수 저지가 실제로 있다. 1989년 출판 미디어 기업인 타임과 영화사 워너브러더스가 합병 협상을 하고 있는 참에 영화사 파라마운트가 끼어들어 타임에 프리미엄을 얹은 인수를 제안했다. 타임은 파라마운트의 제안을 거절하고 워너와의 합병을 인수라는 형태로 전환하여 그대로 실행하려 했다. 파라마운트의 고소에 대해 법원은 "보다 중장기적인 주주가치 증대를 초래하는 구체적인 전략 플랜이 존재하는 상황에서는 프리미엄 인수 제안을 각하한다는 경영 판단은 존중되어야 한다"는 판단을 내리고 있다.

경영진 너머로 회사의 인수를 신청하는 일방적인 TOB는 경영 능

력을 공정하고 건전하게 경쟁하도록 하는 장을 제공하고 있다. 현 경영
진과 인수 제안자 가운데 어느 쪽이 그 회사가 가진 잠재력을 미래 현금
흐름의 증가로 연결하는 능력을 갖고 있는가를 투자자 주주 앞에서 경
쟁하는 것은 사회 경제의 활성화에 있어서도 해롭지 않은 행위라고 말
할 수 있다.

그리고 **모든 책임**은 **국민**에게 돌아온다

최근 금융시장이 국제화되면서 일본 주식시장에서 외국인 투자자
가 차지하는 비율도 높아지고 있다. 주식 보합이 해소되고 '투자 가치'
만을 척도로 하는 시장 참가자에 의해 주가가 결정되는 시대도 머지않
아 열릴 것이다. 은행에 머리를 숙이면 장기 안정적인 사업자금을 공급
받을 수 있던 시대는 지났다. 고도성장이 당연하게 여겨지는 시대는 지
나갔으니 당연하다. 그러한 시대에 새로운 사업 기회를 발견하여 리스
크에 도전하는 기업가들을 자본 차원에서 지탱하는 것이 주식시장의 본
래 역할이다. 자본주의 경제체제에서의 사회 혁신은 그러한 생동감 넘
치는 기업가들과, 리스크를 안더라도 그들에게 걸어보자는 투자자들에
의해 이루어져왔다. M&A는 저성장 시대의 성장 전략으로 큰 힘을 발휘
한다. 잠들어 있던 경영 자원을 꽃피울 수 있는 경영 능력 있는 회사가
그렇지 못한 회사를 인수하는 것에 감정적으로 반발하는 것은 건설적이

지 않다. '사전에 경영진의 동의를 얻지 않았으므로'라고 일언지하에 인수 제안을 거절하는 것은 경영진의 의무도 아니고 권리도 아니다.

경영자 입장에서는 그러한 환경에서 승부하지 않으면 안 되는 살벌한 시대의 막이 열린 것이다. 그 경영자를 채점하는 것은 투자자 자신, 즉 국민일 것이다. 1,200조엔 아니 1,400조엔이라는 개인 자산을 가지며, 무역 흑자를 축적하고 있는 일본의 부가 국채나 해외투자로만 향하고 일본 주식시장에 재투자되지 않을 리 없다. 그렇다면 일본 투자자들 (개인과 기관투자가를 포함하여)이 내리는 판단이 곧 일본의 자본주의가 미국의 것과 같은가 다른가를 판단하는 일이 된다. 그 판단은 최종적으로는 기업 활동을 통해 보다 성장성이 있고 활력 넘치는, 공정하고 인간과 환경에 유익한 사회를 어떻게 만들어갈 것인가라는 형태로 국민 한 사람 한 사람에게로 돌아올 것이다.

에 필 로 그

회사의 가격과
자본주의의 숙명

마지막으로 내가 일본과 미국의 경영 철학의 차이와 자본주의라는 제도에 대해 고민하는 계기가 된 일화를 소개하고자 한다. 이것은 나 자신도 아직 무엇이 맞는지 결론을 내리지 못한 문제이다.

한 미국 상장회사의 **영광**과 **조락**

1994년부터 1998년에 걸쳐 나는 미국의 한 '우량' 회사가 성공의 절정에서 전락해가는 과정을 그 회사 내부에서 경험했다.

회사의 이름은 러버메이드이다. 1920년 오하이오 주 벽촌에서 창업한 플라스틱 용품 제조사이다. 플라스틱 양동이나 쓰레기통 등을 만드는 별다를 것 없는 회사로, 일본에는 전혀 알려져 있지 않지만 미국에서는 러버메이드 제품이 없는 가정이 없을 정도로, 브랜드 인지도 98%, 시장점유율 60%의 초우량 회사였다. 미국 경제지 「포천」이 매년 회사 경영진과 애널리스트에 대한 설문조사에 근거하여 발표하는 '미국에서 가장 칭찬받는 회사' 랭킹 톱10에 단골로 들어가고, 1993, 94년은 코카

콜라, 마이크로소프트 등의 거인을 제치고 1위를 차지하기도 했다.

과거 47년간 연속해서 매출이 늘고, 5년 안에 매출, 이익을 두 배로 늘린다는 약속을 지켜내며 주가는 당연히 아름다운 우상향 곡선을 그리고 있었다. 사원을 해고한 적도 없다. 본사가 있는 우스터라는 인구 2만 명의 시골마을에는 러버메이드의 기부로 설립한 훌륭한 고등학교와 도서관이 도처에 있다. '좋은 미국'을 대표할 만한 회사였다. 나에게는 고집불통에 제멋대로인 미국의 주주와 직원, 지역 커뮤니티 전체를 만족시키는 경영이 있을 수 있다는 것이 놀라웠다. 러버메이드의 일본 진출을 담당한 인연으로 아시아 지역 사업 개발 부문을 제안 받았을 때, 나의 가장 큰 관심은 이러한 미국 우량 회사의 경영 의사결정과 임원회의는 어떤 식으로 행해지고 있는가였다. 그리하여 실제로 2년간 오하이오 주 본부에서 일하면서 매일 그것을 관찰하고 회의에 참가할 기회를 얻었다.

그러나 내가 거기서 실제로 목격한 것은 우량 회사의 기반이 조종사의 사소한 실수로 '어, 어' 하는 사이에 무너져내리는 미국 회사의 현실이었다.

계기가 된 것은 플라스틱 원재료 가격의 급등이었다. '러버메이드의 연속 수익 증가 기록에 마침내 브레이크가 걸렸다'는 소리를 어떻게든 피하고 싶었던 경영진은 그 비용 상승을 흡수하고자 경영 합리화 프로젝트를 서둘러 시작하면서 외부에서 그 방면의 전문가를 초빙했다. 과거 수십 년간 화기애애하고 즐겁고 힘차게 일하던 회사지만 '전문가'

의 눈으로 보면 뺄 수 있는 군살은 얼마든지 있었다. 당연한 귀결로 러버메이드 사상 최초의 '인력 합리화'가 실시되었다. 앞으로의 성장 원천이라 기대되던 해외 진출도 아직 선행 투자 단계임에도 불구하고 엄격한 비용 관리에 들어가 몸을 움직이기 어려웠다. 이렇게 회사에 답답함이 들어차기 시작하면 무슨 일이 생기는가. 의욕 넘치고 문제의식 높은 인재가 이탈하기 시작한다. 헤드헌팅 회사는 이러한 상황에 민첩하다. 러버메이드 브랜드를 지탱해온 상품 개발, 마케팅 분야의 우수한 인재들에게 다양한 우량 유명 기업의 러브콜이 이어졌고, 그들도 내부의 정체감 때문에 외부의 제안에 흥미를 느끼게 된다. 인재 유출이 일어나고 남은 사람들도 과거의 상승 열기를 잃는다. 직원 눈에 경영진은 월가의 탐욕스런 투자자에게 추파를 던지는 경영을 하며 자신들의 지위와 보수를 지키는 것밖에 생각하지 않는 이기주의자로 비쳐질 뿐이었다. 그렇게 되니 앞일은 불을 보듯 뻔했다. 「포천」지 랭킹은 1994년 제1위에서 95년 제3위, 그리고 96년에는 톱10 밖으로 모습을 감추게 됐다. 회사 주가는 떨어지고 주주의 불만에 대응하듯 경영진은 1999년 경쟁사의 흡수 합병 제안을 받아들여 사실상 회사를 매각하게 되었다.

이 일련의 과정에서 경영진의 의사결정 하나하나를 보면 틀렸다고 할 수는 없다. 비용구조의 지속적 개선, 아시아의 저가 복제품에 대항하기 위한 아시아 진출, 해외시장 개척 목적의 M&A를 통한 유럽과 일본 진출, 매출과 수익 증대 약속을 지키려는 강한 의지……. 그러나 결과적으로 경영진은 실격이라는 평가를 주식시장에서 받았다. 오랜 기간의 성장, 성공 신화의 그늘에 가려 밖으로 나오지 않았던 다양한 문제점이 원료 가격 급등이라는 외부 요인을 계기로 한꺼번에 분출된 것은, 그 시점의 경영진에게는 불운이기도 했다. 그러한 과제 전체를 한번에 병행하여 해결하고자 한 것이 잘못이었는지도 모른다.

경영진은 주주에 대한 책임을 다하기 위해, 즉 주가 수준을 유지하기 위해 기관투자가나 애널리스트에게 지적받는 과제에 집중하지 않으면 안 된다. 뿐만 아니라 4분기별로 결산 수치를 발표할 때마다 그 진척 상황을 숫자로 나타내지 않으면 신뢰를 잃는다. 내부에서 떠들썩하게 논의하는 모습을 옆에서 지켜보면서 미국의 경영자라는 것도 힘든 직업이라는 것을 실감했다.

경영진의 실패를 굳이 찾자면, 그러한 어려움 속에서 동요하기 쉬운 직원의 동요를 수습하면서 대책을 강구하는 섬세한 면이 부족했던 점이라고 나는 생각한다. '회사를 위해 제안을 해도 경영자는 듣는 둥 마는 둥이다' '자기들은 고액 연봉을 받으면서 지금까지 낮은 월급으로 애써온, 동료associate라 부르던 직원을 잘라버린다는 것은 배신이다' 이런 소리가 자주 들려왔다. 아마 내게 들리지 않는 곳에서는 '저런 일본인이나 외국인을 비싼 돈을 주고 잔뜩 데려와서 국제화니 뭐니 돈도 안되는 분야에 투자하다니 어리석은 짓이다. 지금까지 러버메이드를 키워온 우리를 뭘로 보는 거냐'는 직원도 틀림없이 있었을 것이다.

숫자나 이론적으로 좋아 보이는 기업 전략 만들기에 쫓겨 애널리스트나 컨설팅 회사의 충고를 곧이곧대로 실행하는 동안 러버메이드라는 조직 자체가 오랜 세월 걸려 구축해왔고 무의식 속에 공유하던 가치관이 파괴되었다. 그리고 한번 무너진 것은 두 번 다시 원상 복구되지 않았다. 내가 미국인 내지는 앵글로색슨의 특색으로 느낀 '모든 것을 간단히 매듭짓고, 척척 일처리를 하는' 스타일의 약점이 드러난 것인지도 모른다.

분명하게 눈에 보이지 않는 회사의 가치를 소중히 하면서 눈에 보이는 결과를 내는 것. 이것이 우량 상장회사의 경영진에게 요구되는 자질이다.

국민성의 차이라 할 수 있을까

러버메이드에서의 이 경험담에 대하여 '특별히 미국이라서가 아니라 일본 회사도 마찬가지'라는 생각을 갖는 독자도 있을 것이다. 최근 몇 년 동안 일본 우량 회사에서도 비슷한 일이 일어나고 있다면 그럴지도 모른다. 그래도 일본의 우량 회사에 대해 '무차입 방침을 수정하고, 지금까지의 사업 활동 결과로 사내 유보해온 현금을 모두 주주에게 배당하라'고까지 말할 주주는 그리 많지 않을 것이다. 그리고 주주가 그렇게 억척스런 말을 하지 않는다는 점이 일본스러워 좋다는 것이 많은 일본인들의 솔직한 기분일 것이다.

'미국과 일본의 경영 철학의 차이는 수렵민족과 농경민족의 멘털리티 차이다'라는 주장이 있다. '육식동물과 초식동물'이라는 구별도 이것과 비슷하다.

'세상은 결국 불확실성에 가득 차 있다. 그 속에서 어차피 내일 무슨 일이 일어날지 알 수 없다면 그때그때 생각하고 판단하여 싸울 수밖에 없다.' 이것이 수렵민족적 발상이다. 그러기 위해 그들은 순발력을 단련한다.

농경민족은 그러한 불확실성으로부터 몸을 지키기 위해 저장을 중시하고 운명공동체를 만들어 서로 돕는다. 농경적인 풍토에서는 지구력이나 멸사봉공의 정신이 존중된다.

이것이 학술적, 역사적 뒷받침이 있는 논의인지 여부와는 별개로 자연스럽게 받아들여지는 설명이다. 농경민족으로서 살아온 일본인이 유전자를 통해 맥을 계승해온 사고방식이 있는 것이 있다고 본다. 이것이 다름 아닌 국민성이다.

이 일본의 국민성이 회사를 운영할 때 경영 철학으로 나타나는 것은 당연할 것이다. 그러나 한편 일본이 자본주의나 민주주의를 도입하여 주식회사라는 제도 아래 발전을 이룩해온 것도 사실이다. 사회 경제의 발전 단계에 의한 차이일 뿐 서구의 뒤를 쫓아가며 똑같은 전철을 밟는다는 가설도 성립한다.

자본주의나 민주주의라는 사상, 체제는 서구에서 탄생했다. 일본이 메이지시대에는 유럽을, 전후에는 미국을 거울삼아 뒤쫓아가고 추월하고 흡수하고 동화해온 경제 사회의 시스템이자 사고방식이다. 그렇다면 일본의 경영 철학이라는 것이 경제 발전 단계에 따라 서구적인 사상을 흡수하여 끊임없이 변천해가는 것이라고 볼 수도 있다.

사실 서구적 내지는 미국적인 경영 철학 자체도 시대와 함께 변천하고 있다.

미국의 주주 지배의 역사

미국에서 주주의 발언권이 줄곧 강했던 것은 아니라는 사실은 잘 알려져 있지 않다.

1930년경부터 1960년대까지의 시기는 미국에서 '소유와 경영의 분리'가 진행되어온 시대로 간주된다. 회사의 실질적 지배권이 원래 회사의 소유자였던 주주로부터 경영자에게로 옮겨졌다는 분위기가 대세였다. 주주는 단순히 배당이나 주식의 매매 차익을 추구하여 투자에 참가하고 있을 뿐 소액 분산된 주주는 주주총회에서도 효과적으로 그 지배권을 행사할 수가 없었다. 경영자는 고용된 신분이 아니라 스스로 회사의 운명을 좌지우지하는 지배자로 행동하고 있었다.

경영자의 회사 지배는 '타인(주주)의 돈을 자기 돈처럼 쓰는' 습관을 낳아 방만 경영의 온상이 되었다. 그 상황에서 다시 주주가 회사의 지배권을 회복한 것은 1960년대 이후의 일이다. 왜, 어떻게 회복했는가? 방법은 크게 두 가지이다.

하나는 M&A이다. 1960년대에 엉터리 경영을 하고 있는 경영진을 추방하고 자기가 경영권을 쥠으로써 회사 가치를 올릴 수 있다고 큰소리치며 대형 M&A를 시도하는 회사가 속속 등장했다. 이제는 들어보기 힘든 이름이지만 ITT, LTV, 리튼인더스트리 등의 회사들인데 그 경영자들은 시대의 총아로 일세를 풍미했다.

또 하나는 기관투자가들에 의한 의결권 행사, 소위 '기업 지배구조 corporate governance' 사상의 발달로 1980년대 이후에 특히 발언권을 강화해 오늘에 이르고 있다.

그때까지 사원이나 공무원의 퇴직연기금 운용자로 대표되는 기관투자가는 경영에 대한 발언은 하지 않고 경영자가 마음에 들지 않으면 그 주식을 매도하고 다른 주식으로 갈아타는 방법(이를 월스트리트 룰이라고 한다)을 취했다. 그러나 이러한 기관투자가가 운용하는 기금액이 점점 늘어 주가 형성에 큰 영향을 주게 되었다. 즉, 경영이 마음에 들지 않아 시장에서 그 회사의 주식을 매각하고 싶은데 자기가 매도하면 그로 인해 주가가 떨어지기 때문에 갈아타고 싶어도 갈아탈 수 없는 상황이 되었다. 그리하여 투자 가치를 지키기 위해 경영진 경질을 포함해 경영에 대해 발언하지 않을 수 없게 된 것이다.

1960년대 **미국**과 **현대 일본**의 **공통점**

1960년대 이후 미국의 이러한 상황이 최근 일본의 상황과 닮아 있는 것은 아닐까. 그것은 경제 성장 단계에 따라 어느 나라나 비슷한 궤적을 밟아간다는 식으로 이해할 수도 있을 것이다.

미국은 2차대전 후 경제가 급성장했다. 일본에서는 1960년대가 그 시기에 해당한다. 경제성장은 당연히 많은 회사에 새로운 사업 확대의 기회를 주었다. 그러한 시기에 회사가 창출한 이익은 배당하지 않고 재투자로 돌리는 것이 타당한 경영 판단이며, 주주도 모두 납득하여 우상 향의 회사 성장과 주가 상승을 구가했다. 그러는 동안 배당하지 않는 것이 일반적인 일이 되었고, 경영진은 성장성이 없는 분야에 비효율적인 투자를 행하는 한편 유사시를 대비하여 사내에 현금을 유보하고 싶어졌다. 경제가 성장하고 있고 주가도 계속적으로 상승하고 있는 한 주주도 불평은 하지 않는다. 한편 고도 경제 성장은 국민 한 사람 한 사람의 부의 축적도 촉진한다. 풍요로운 노후를 약속받기 위해 국민은 그것을 퇴직연금에 적립하기도 하고 스스로 펀드에 적극적으로 가입하기도 한다. 이것이 기관투자가의 파워를 증진시키고 주식시장의 민주화를 촉진한다.

경영진이 주주의 존재를 의식하지 않는 상태에 길들여져 방만해지는 시기와 주식시장의 민주화가 진행되는 시기가 만나는 시점에서 주주는 반란을 일으킨다.

미국에서 과거에 일어난 일이 경제 성장기가 어긋난 일본에서 지금 일어나고 있다고 해도 이상한 일은 아니다. 그 변화 스피드에 있어 일본은 미국보다도 농경민족적일지 모른다. 그런데 귀중한 노후자금을 정부나 금융기관이 소중히 운용하여 늘려주고 있는가에 대해서는 의문이 든다. 종신고용을 약속받았기 때문에 낮은 급여에도 애사심을 갖고 일해왔던 직원을 회사가 무 자르듯 정리하기 시작한다. 주식 보합이라는 형태의 주주 지배권의 알맹이 없는 상태도 수정되어가고 있다. 나는 이 일본의 현재가 주식시장에 있어서는 미국의 1960년대 상태와 같다는 인상을 갖고 있다.

러버메이드라는 회사는 미국 경영의 역사 속에서 이단아였는지도 모른다. 경쟁이 심한 업계가 아니었던 행운으로 전통적인 미국의 체질 그대로 1990년대까지 생존한 회사. 월가의 거친 파도에 휩쓸리지 않고 소신껏 일해온 회사가 1990년대 들어 주목을 받으면서 「포천」지에 오르내리게 되었다. 지금 돌아보면 그것이 아이러니하게도 희귀 동물의 멸종을 재촉한 느낌이다.

러버메이드가 내건 '일부러 높은 목표를 설정하고 팀워크로 달성해 간다'는 자세는 일본의 많은 회사에 공통된 점이다. 지금까지의 주주는 그러한 경영의 일관성을 소중히 하고, 경영진의 방식에 토를 다는 일은 없었다. 이제부터 앞으로 미국과 마찬가지로 M&A와 기관투자가의 발언권 행사라는 '주주 경영 지배의 강화'라는 길을 밟을 것인가, 또는 전혀 다른 전개가 될 것인가는 실로 일본의 농경민족적 국민성이 시험받게 되는 문제일 것이다.

맺음말

내가 기업 가치라는 개념을 처음으로 마주한 것은 지금으로부터 15년 전의 일이었다. 로스쿨에 유학하던 1985년, 미국에서는 제4차 M&A 붐이 한창이었다. 풍부한 자금을 조달한 투자자들이 회사 경영진을 뒤로 하고 주주에게 직접 주식 매입과 경영권 획득을 타진하는 적대적 TOB와 LBO가 활발히 진행되고 있었다. 로스쿨에서 나는 그러한 적대적 기업 매수로부터 몸을 지키기 위해 회사 경영진은 무엇을 할 수 있고 무엇을 하면 안 되는가를 배웠다.

'회사는 누구의 것인가'라는 질문을 받으면 그 즉시 주주의 것이라 대답하는 것이 미국형 자본주의의 기본이다. 그러면 회사의 주식은 누가 보유하고 있을까? 미국에서는 1980년대에 이미 주식 보유의 '기관화'가 진행되었고, 국민의 연금, 퇴직금 자산이나 잉여 자산은 펀드의 형태로 기관투자가에 의해 대부분 운용되고 있다. 즉, 일반 국민이 기관투자가를 통해 회사를 '소유'하는 구도이다. 이러한 기관투자가들이 보유 주식을 조금이라도 높은 가격에 매도하여 운용 성적을 올리고자 적대적 매수 제안을 받아들이는 것은 지극히 당연한 행동으로 간주되었다. 그렇게 하여 개인의 소중한 노후 연금자산이 늘어난다면 미국 국민도 반대할 이유는 없다는 것이다. 그러한 상황 하에서 경영진의 의무는 회사 가치를 올리는 것, 즉 주가를 올리는 것으로 단순하고도 명확한 수치 목표를 달성하는 것이다. 적대적이든 아니든 회사를 비싼 가격에 매수하고자 하는 자가 나타났을 때 매각되는 것이 싫다면 스스로의 경영 능력으로 매수를 제안한 자보다 높은 주가를 실현하는 것 이외에 다른 방법은 없다. 그것이 불가능하다면 매수 제안을 받아들이도록 주주에게 권유하는 것이 합리적인 경영 판단이라 간주된다. 그 대신 미국의 경영자는 거액의 연봉과 주가에 연동한 보너스를 받는다. 취직한 지 얼마 안되어 나는 미국적인 의미에서의 '세상의 구조'를 이렇게 이해했다. 당시 일본은 버블기에 들어서려던 순풍에 돛단 시대였다. 'Japan as No.1'이라 불리었고, 일본의 장기적 관점에서 이뤄지는 경영이 미국의 단기적인 수익 목표에 휘둘리는 경영과 대비되면서 대학에서도 연구될 정도였다. 기업 가치를 극대화한다는 대의명분 하에 실제로는 단기적인 주가 동향에 휘둘리는 미국의 기업 활동 스타일은 너무나도 안정성이 없었고, 일본에는 결코 정착할 수 없을 것이라는 게 당시 나의 솔직한 감상이었다. 그리고 논리적으로는 단순 명쾌하고 앞뒤가 맞는 미국형과, 이론적으로는 잘 설명할 수 없지만 왠지 잘나가고 있는 것처럼 보이는 일본형을 비교하여 일본은 진정한 의미에서의 자본주의 국가는 아닐지 모른다고 이해했던 기억이 있다.

그로부터 15년이 지나, 회사 경영의 방향성을 둘러싼 일본과 미국의 환경은 완전히 바뀌었다. 단기적 수익에 휘둘리던 미국에서 인텔, 마이크로소프트와 같은 다음 시대를 열어가는 파워를 가진 기업군이 탄생하고, IT 혁명이라 불리는 산업구조의 변혁을 이뤄내며 미국 산업의 국제 경쟁력을 부활시켰다. 장기적 관점에서 경영되고 있어야 할 일본의 많은 회사는 버블 경제가 꺼진 뒤 수습을 질질 끌면서 아직도 자기 변혁이 지지부진하고 장기적 관점의 경영에 대한 자신감을 상실하고 있는 것으로 보인다. 그런 것과는 상관없이 약진을 계속하는 소니, 도요타와 같은 회사나 오릭스 같은 금융기관, 찬반이 있을지 모르나 소프트뱅크로 대표되는 신흥 기업군은 모두 '글로벌 스탠더드'에 맞춘 경영을 표방하고 있다. 그리고 이들의 발상과 사고방식의 근저에는 항상 '기업 가치 = 주주가치의 증대'라고 보는 자본주의의 원점이 있다.

나 자신은 로스쿨에서의 체험 이후, 사회생활을 하면서 일관되게 기업 가치와 관계를 맺어 왔다. 기업의 인수, 매각, 합병, 설립에 어드바이저 입장에서 관여하고, 회사의 일원으로 사업 개발, 경영 기획, 상장 준비, IR이라는 역할을 담당할 기회를 얻었다. 항상 원론으로 돌아가 원리원칙부터 납득하지 않으면 에너지가 생기지 않는 나의 성격이 축적된 경험과 생각들을 하나로 집대성한 것이 이 책이라 할 수 있다.

이 책에서는 가능한 소박하고 원리적인 질문을 던지고, 쉽게 읽히고 납득이 가는 설명을 하도록 노력하였다. 그러나 다시 읽어보니 설명이 단순하고도 명쾌하다고 할 수 없는 부분도 많다. 지나친 욕심으로 투자은행의 실전 현장에서만 접할 수 있을 법한 주제에까지 논점을 확장하여 일반인들에게는 현실감이 떨어지는 화제에 많은 부분을 할애한지도 모르겠다. 그럼에도 이 책이 독자에게 신문이나 뉴스에서 보고 듣는 기업 관련 기사에 조금이라도 친근감을 가지는 계기가 될 수 있기를 바란다. 일본의 자본주의나 주식시장은 국민 한 사람 한 사람의 양식과 자각에 의해 지탱되고 있다. 그것은 물론 정치에 있어서도 마찬가지다.

나는 일본이라는 나라가 세계에 자랑하여야 할 것은 소위 엘리트가 아닌 '소박한' 국민의 학습 의욕, 흡수 의욕이 강한 점이라고 항상 생각해왔다. 막부 말기에 지방에서는 하급무사까지 포함하여 외국 서적에서 많은 것을 배우고 실천하고 있었다. 그리고 이러한 사람들은 아마 에도의 엘리트들보다 훨씬 유연한 사고를 기르고, 자신의 소박한 의문에 정면으로 마주하는 습관을 갖고 있었으리라 상상한다. 그러한 저변 확대가 있었기 때문에 메이지유신이라는 혁명과 그 후의 사회 근대화가 그리도 훌륭하게 이룩될 수 있었다고 생각한다. 이 점에 대해 나는 자부심을 갖고 있고, 외국인들에게 곧잘 자랑하기도 한다.

자본주의나 민주주의를 투자자의 관점에서 보고, 주식시장을 건전하게 육성하는 기개를 가진, 양식에 넘치는 개인 투자자의 저변 확대야말로 지금의 일본에 가장 필요한 것이다. 1,400조엔이나 되는 개인 자산을 갖고 어떤 사회를 실현하고 싶은지, 그것을 갖고 있는 사람들이 똑바로 자각하기 바란다. 나는 뭐든지 미국식이 옳다고는 생각하지 않는다. 이 책의 내용이 자본주의나 미국식 발상의 본질의 일단으로 공감을 얻고, 그것을 출발점으로 미국과 일본 경영의 차이에 관한 논의가 건설적으로 이루어져서, 고집스레 미국적 방법만 내세우는 일부 사람들에 대해 최소한의 방패 역할을 할 수 있다면 나에게 더없는 기쁨일 것이다.

▶ 기업 가치 관련

기업 가치라는 단어는 일본어 특유의 용어이다. 굳이 정의하자면 '기업이 그 이해관계자에 대하여 갖는 가치' 정도일까. 미국에서 말하는 기업 가치는 '주주가치shareholder's value'와 거의 동의어로, 아래에서는 주주가치라는 의미로 설명한다.

기업이 사업을 하는 목적은 법제도로 인정받은 방법을 통해 이윤을 올리는 것이다. 그 이윤은 재료비, 인건비, 금리 등 외부에 대하여 모든 지불을 하고 남은 나머지로 주주가 수령할 권리를 갖는다. 과거 현재 미래에 걸쳐 주주에게 귀속되어야 할 이 가치의 총액이 주주가치로서의 기업 가치가 된다.

계속사업가치going concern value

기업은 단순히 보유 자산의 가치에서 외부에 대한 부채를 차감한 잔액으로서의 가치(순자산) 이상의 가치가 있다. 그것은 계속하여 사업을 하고 있기 때문에 창출되는 가치로, 이 가치는 미래에 걸쳐 그 기업이 창출하는 이익, 현금의 현재가치로 산정된다. 일반적으로 '기업 가치'라 불리는 가치는 이 계속사업가치와 같다고 생각해도 무방하다.

주식 시가총액 market capitalization, market value

주식을 상장하고 있는 회사의 가치는 주식시장에서의 주가를 통해 다음과 같이 산정된다.

회사의 가치 = 주식 시가총액 = 주가 × 발행주식 총수

기업총가치 enterprise value, EV

사업의 계속가치로서의 기업 가치를 주식 시가총액으로부터 산출할 수가 있다. 회사는 통상 외부로부터 자금을 차입한다. 이자를 지불하고 원금을 변제하지 않으면 안 되는 이런 부채를 '유이자부채'라고 부르는데, 이 금액은 주주보다 우선하여 변제된다. 따라서 주식 시가총액은 유이자부채를 기업 가치에서 뺀 가격이 된다. 역으로 잉여의 현금 등을 회사가 갖고 있는 경우는 그 회사의 주식 시가총액은 계속가치보다 크게 된다.

이 관계를 분명히 하고 용어의 혼란을 피하기 위해 업계에서는 '기업총가치'를 다음과 같이 정의하고, 일반적인 '기업 가치'나 '주주가치'와 구별하고 있는 예가 있으며, 이 책도 그에 따랐다.

기업총가치 = 주식 시가총액 + 순부채

순부채net debt

상장회사 간에 기업총가치를 비교할 때는 간단한 산출식으로

순부채 = 유이자부채 − 현금 및 현금등가물

이 사용된다. 기업편람의 정의에 따르면 유이자부채interest-bearing debt는 단기차입금(1년 내에 변제기한이 돌아오는 차입금, CP 포함), 장기차입금, 사채(보통사채, 전환사채, 신주인수권부사채)의 합계액이고, 현금등가물 cash equivalents은 환금성이 높은 금융자산(예금이나 3개월 이내의 단기투자)이다. 보다 상세히 실질적인 순부채 금액을 산출하기 위해서는 현재가치 산정을 위한 현금흐름에 포함되어 있지 않은 금융수익을 낳은 자산 전체, 그리고 잉여 자산(유휴 부동산이나 보유 목적으로 투자한 주식 등)을 시장에서 매각한 경우에 수중에 남는 현금 등을 감안할 필요가 있다.

영업권goodwill

기업 인수에 있어 매수금 총액이 대상 회사의 순자산을 상회할 경우, 그 차액을 가리키는 단어. 계속가치로서의 기업 가치가 순자산보다 통상 높아지기 때문에 발생하는 것으로, 실체는 브랜드, 노하우, 거래처 관계 등 대차대조표에 실리지 않는 무형의 영업자산 총액이다. 자산 인수의 경우, 매매하는 개개의 자산에 인수 금액을 시가로 재평가하여 합계한 금액과 실제로 지불한 인수 금액의 차액이 된다. 주식 매수의 경우

는 매수하여 자회사가 된 대상 회사를 연결할 때에 매수한 주식의 취득 가격과 매수 대상 회사의 장부가 순자산의 차액이라 할 수 있다. 인터넷 관련 회사와 같은 경우, 사업자산은 별로 보유하고 있지 않고 기업 가치 의 대부분이 이러한 무형의 영업자산인 경우가 많아 인수 시 거액의 영 업권이 발생할 수 있다.

영업권 상각 amortization of goodwill

인수로 인해 발생한 영업권은 회계 처리상 일정 기간에 걸쳐 비용 화되는 것이 보통이다. 이것은 설비의 감가상각과 마찬가지로 인수 대 상 회사의 순자산액을 초과해 지불한 금액은 미래 그 인수 회사가 올리 는 수익에 의해 회수된다는 사고방식에 기초한다. 미국에서는 회계상 최장 40년에 걸쳐 상각이 가능하다. 일본에서는 세무상 5년 동안 균등 상각하게 되어 있기 때문에 5년간에 걸쳐 상각하는 예가 많다. 재무 건 전성 관점에서 앞당겨서 일괄상각하는 예도 있다. 인터넷쇼핑의 최강자 인 라쿠텐은 적극적인 기업 인수에서 발생하는 영업권을 일괄상각 처리 하여 회계상의 이익이 적자가 되고 있다.

실제로 기업 가치를 산정할 경우에는 이러한 회계 처리상의 손실은 제외하고 현금흐름을 보는 경우가 많다는 점, 합병의 경우에는 자산·부채가 장부가 그대로 계승되어 영업권이 발생하지 않는 회계 처리(지분 풀링법)가 인정받고 있는 점 등에서 영업권 상각의 타당한 방법론에 관 해서는 논의가 계속되고 있다.

▶ 밸류에이션 관련

밸류에이션(valuation, 기업 가치 평가)은 M&A에 있어서는 물론, 회사의 주식 공개Initial Public Offering, 통상의 주식 투자나 채권 투자에 있어서도 투자 판단의 근간이 되는 작업이다.

밸류에이션 방법을 대별하면 다음의 세 가지 방식으로 대별할 수 있다. 본문 중에도 서술한 대로 이러한 방법은 개별적으로 독립된 평가 방식이 아니라 상호 밀접하게 얽혀 있다.

순자산 방식Asset Approach

대차대조표(Balance Sheet, 대차대조표)의 자산에서 부채를 뺀 순자산Net Asset을 기초로 계산하는 평가 방식. 대차대조표의 장부가를 그대로 사용하는 장부가 순자산 방식Book Value과 자산·부채를 각각 시가 평가하여 시가 순자산을 계산하는 수정 순자산 방식Adjusted Book Value의 두 방식이 있다. 장부가를 사용할 경우는 그대로의 금액을 회사 가치 평가로 하는 일은 별로 없고, 비슷한 회사의 주식 시가총액이 장부가 순자산의 몇 배인가, 라는 순자산 배율Price-Book Value Ratio, PBR을 지표로 사용하는 경우가 많다. 수정 순자산 방식은 자산, 부채의 대부분이 시장에서 거래 대상이 되고 있거나 또는 될 수 있는 금융기관의 기업 가치 평가에 사용되는 일이 많다.

배율 방식Multiple Approach

평가 대상 회사와 비슷한 상장회사, 평가 대상인 M&A 거래와 유사한 거래를 기초로 시장에서 산정된 시가총액이나 그로부터 도출되는 기업총가치를 분자로 하고 분모에 이익이나 현금흐름 금액을 사용하여 배율을 산출하고, 그 여러 배율을 해당 평가 대상 회사의 이익이나 현금흐름에 곱하여 회사 가치나 기업총가치를 산정하는 방식.

대표적인 것은 따로 설명할 EBITDA 배율이나 PER지만, 그 이외에 다음와 같은 배율 지표가 있다.

$$PSR = \frac{기업총가치}{매출액}$$

$$PCFR = \frac{기업총가치 \ 또는 \ 시가총액}{현금흐름 - (잉여현금흐름, \ 또는 \ 세후이익 + 감가상각)}$$

$$EBIT \ 배율 = \frac{기업총가치}{영업이익}$$

EBITDA

이빗디에이 또는 이비타, 라고 읽는데, Earnings Before Interest, Tax, Depreciation & Amortization의 약자이다. 이자의 수불, 세금의 지불, 상각 전의 이익을 가리킨다. 특별손실과 같은 일시적인 손익도 제외되는 것이 보통으로, 따라서 손익계산서의 영업이익에 감가상각을 더한 것으로 생각해도 무방하다. 이것은 소위 회사가 그 재무 구성(차입금이나 잉여자산의 과다)에 상관없이 사업 활동 자체가 창출하는 현금을 나타내는 숫자로, 기업 가치를 산정할 경우 가장 중요한 숫자 중 하나이다.

특히 M&A의 가격 산정에 있어서 이자(유이자부채의 금액과 그 조달비용에 따라 결정된다), 지불 세금(매수한 후 다른 사업과 통합하면 절세할 수 있는 경우가 있다), 상각액(현금 지출을 동반하지 않는 회계 처리상 비용)은 인수하는 쪽에서 어느 정도 결정할 수 있다는 점에서 그것을 공제하기 전 단계의 이익인 EBITDA를 사업 본래의 가치의 기준치로 삼는 사고방식이 널리 지지받고 있다.

EBITDA 배율 EV/EBITDA 배율

비슷한 상장회사나 유사한 M&A 거래와 비교하여 어느 회사의 매수 가격 평가를 할 때에 가장 많이 사용되는 배율 지표. 산출식은,

$$\text{EBITDA 배율} = \frac{\text{기업총가치}}{\text{EBITDA}}$$

EBITDA는 이자 지급 전의 현금흐름이므로 나눗셈의 분자에는 유이자부채나 잉여자산을 뺀 기업총가치를 사용하지 않으면 수미일관하지 않게 된다.

수익 환원 방식Income Approach

회사의 미래 수지 예상을 할인율(환원율)를 써서 현재가치로 고치는 방법. 예상 수익을 이용하는 수익 환원 방식, 예상 배당액을 이용하는 배당 환원 방식 등이 있는데, 가장 많이 사용되는 것은 다음의 DCF 방식이다.

DCF 방식Discount Cash Flow Method, 할인 현금흐름 방식

'기업 가치는 그 기업이 창출하는 미래 현금흐름의 현재가치와 같다'는 발상에 근거한 평가방식. 5년~10년의 미래 현금흐름 예상을 근거로 그 사업의 리스크를 감안한 할인율로 나눠 현재가치를 산출한다.

5% 성장하는 기업의 기업 가치를 할인율 10%의 DCF 방식으로 평가하는 방법을 그려보면 오른쪽 그림과 같다.

할인율Discount Rate, 환원율

미래의 현금흐름을 현재가치로 계산할 때 사용하는 비율. 무위험 할인율인 장기 국채를 기준으로, 리스크 상당분을 프리미엄으로 얹는다. 상세한 산출 방법에 관해서는 '자본비용' 항목을 참조하기 바란다.

터미널 밸류Terminal Value, 잔여가치

수지 예상기간의 최종년도 시점에서의 회사 가치. 수지 예상은 너무 장기적으로 해도 의미가 없으므로 5~10년에서 자르는데, 그 후에도 기업은 같은 활동을 계속한다고 상정하는 것이 보통이다. 잔여가치라고 번역되지만, 내용연수가 정해진 감가상각 자산이나 리스 자산 경우와는 다르므로 별로 정확한 번역은 아니다. 터미널 밸류의 산정 방식에는 다

그림 DCF 방식에 의한 기업 가치 산출 방식 ------------------------------

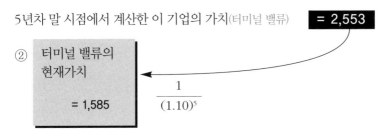

잉여현금흐름	1년차	2년차	3년차	4년차	5년차
	100	105	110	116	122

① 5년차까지의 잉여현금흐름의 현재가치 합계
= 415

$$\frac{1}{(1.10)}$$

$$\frac{1}{(1.10)^2}$$

$$\frac{1}{(1.10)^3}$$

$$\frac{1}{(1.10)^4}$$

$$\frac{1}{(1.10)^5}$$

5년차 말 시점에서 계산한 이 기업의 가치(터미널 밸류) **= 2,553**

② 터미널 밸류의 현재가치

= 1,585

$$\frac{1}{(1.10)^5}$$

③ 기업 가치 = ① + ② = 2,000

음 두 가지 방법이 있다.

① 예상기간의 최종년도 이후, 현금흐름이 영원히 일정 비율로 성장을 계속한다는 전제를 두고 정률 성장의 영구채권의 현재가치 정의식 (별도 항목 참조)을 사용하여 산정하는 방식

② 예상기간의 최종년도 말에 사업을 주식 공개나 매각한다는 가정하에 배율 방식으로 그 시점의 기업 가치를 산정하는 방식

영구채권의 현재가치 정의식

Present Value of Perpetuity, Present Value of Perpetual Annuity

매년 일정 금액의 현금흐름(C)를 창출하는 사업의 현재가치(PV) 산출 방법. 할인율을 r이라 하면,

$$PV = \frac{C}{r}$$

이 된다. '액면가 1,000의 기한이 없는 영구채권이 매년 10%의 이자를 낳는다고 했을 경우, 매년 100의 수입이 있다'라는 것을 역방향에서 설명한 것으로 생각하면 된다.

정률 성장 영구채권의 현재가치 정의식 Present Value of Growth Perpetuity

매년의 현금흐름이 일정 금액(C)에서 매년 g의 비율로 성장하는 경우의 영구채권의 현재가치 정의식.

$$PV = \frac{C}{r - g}$$

가 된다.

앞의 DCF 방식의 예는 잉여현금흐름이 영구히 5%(g)로 성장을 계속하는 기업의 가치를 10%(r)로 나눠 현재가치를 산출한 것이다. 이 정의식에 수치를 넣으면,

$$\frac{C}{r - g} = \frac{100}{0.1 - 0.05} = 2,000$$

이 되어 DCF 방식으로 산출한 가치와 같아지는 것을 확인할 수 있다.

자본비용Cost of Capital

DCF 방식으로 기업 가치를 산출할 경우, 그 할인율에는 통상 그 회사의 사용총자본의 조달비용이 사용된다. 사용총자본은 주주자본과 차입자본(장기차입금)으로 구성되고, 자본비용으로서는 주식자본비용Euity Cost of Capital과 차입자본비용Debt Cost of Capital의 가중평균을 취한, 가중평균자본비용(Weighed Average Cost of Capital, WACC, ['왁' 이라 읽음])를 사용한다.

주식자본비용은 자본자산가격결정모델Capital Asset Pricing Model, CAPM 이라 불리는 다음의 공식으로 산출한다.

주식자본비용 = 무위험이자율 + 베타(β) × 주식시장 프리미엄

무위험이자율 : 장기국채의 이자율

베타 : 주식시장 전체의 변동에 대한 개별 주식의 변동 폭을 나타내
는 계수

주식시장 프리미엄 : 주식시장에의 투자 수익과 같은 기간의 국채
투자수익률과의 차액

차입자본비용은 외부 차입금 가운데 장기차입금의 이자인데, 지불 이자는 세무상 손금으로 간주되므로 법인실효세율분을 뺀 실질비용으로 다음과 같이 산출한다.

차입자본비용 = 장기차입이자율 × (1 − 실효세율)

WACC는 이들 두 가지 자본비용을 가중평균함으로써 다음의 산식으로 구할 수 있다.

$$WACC = \frac{주주자본금}{주주자본금 + 장기차입금} \times 주식자본비용 +$$

$$\frac{장기차입금}{주주자본금 + 장기차입금} \times 차입자본비용$$

▶ M&A 관련

M&A란 Mergers & Acquisitions의 약칭이다. Merger는 합병, Acquisitions는 인수로 번역된다.

M&A의 여러 형태

M&A라 불리는 활동에는 다음과 같은 거래 형태가 있다.

합병

둘 이상의 회사가 하나의 회사가 되는 행위. 이것이 다시 다음의 두 가지 형태로 나뉜다.

　① 신설 합병Consolidation : 새로운 회사를 설립하고 합병하는 회사의 주주는 양쪽 다 그 신설 회사의 주식을 받는다. 합병 전 회사는 없어진다.

그림

① 신설 합병

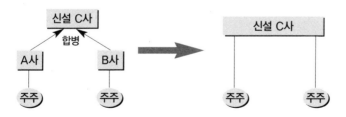

② 흡수 합병Merger: 합병하는 당사자 중 어느 쪽이 그대로 존속하고
다른 쪽은 그 회사에 '흡수' 되는 형태의 합병. 흡수되는 회사의
주식은 존속하는 회사의 주식과 교환되어 소멸한다.

그림

② 흡수 합병

세간에서 '대등 합병'이라 불리는 것도 실제로는 흡수 합병 형태를
띠는 것이 대부분이다. 스미토모은행과 사쿠라은행이 합병하여 미쓰이
스미토모은행이 되고, KDD와 DDI와 IDO 3사가 합병하여 KDDI가
되는 식의 사례에서는 세무상 효율이나 등록, 인가의 수고라는 문제 때
문에 흡수 합병하여 사명을 변경하는 형태로 이뤄진다.

인수

그 이름대로 회사나 사업을 사들이는, 즉 경영 지배권을 취득하는
행위. 주식 인수와 자산 인수로 나뉜다.

③ 주식 인수Stock Acquisition : 다른 회사 주식을 매수함으로써 그 회
사를 자회사로 삼고 지배권을 쥐는 행위. 이것이 가장 통상적인

기업 인수의 형태이며, 이 책에서 다양하게 든 사례도 이 형태를
염두에 두고 설명하고 있다.

그림

③ 주식 인수

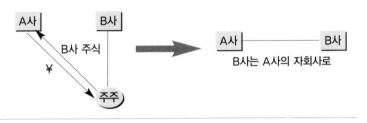

④ TOBTake Over Bid : 미국에서는 텐더 오퍼Tender Offer라 불린다. 일
본에서는 주식 등의 공개 매수이라는 제도로 증권거래법 제27조
의 2 이하에 규정되어 있다. 이것은 상장회사에서 다수의 주주에
게 주식이 분산되어 있을 경우에 사용하는 주식 인수의 한 형태
라 할 수 있다.

그림

④ TOB

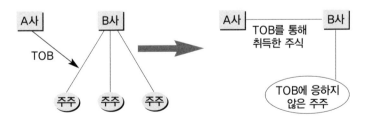

⑤ 자산 인수Asset Acquisition : 다른 회사의 주식을 매수하는 것이 아니라, 사업자산을 개별적으로 인수하고 부채나 계약관계를 이어받는 경우. 직원이나 브랜드(상표권)도 계약에 따라 개별적으로 이어받는 형태가 된다. 상법상의 '영업양도'라는 행위에 해당한다. 독립한 자회사의 형태를 갖지 않고 사업부문으로서 운영되고 있는 경우는 그 부문의 주식은 존재하지 않으므로 자산 인수 형태를 취하게 된다. 물론 인수에 앞서 매각자가 그 사업부문을 자회사로서 독립시켜 그 주식을 양도하는 것은 가능하다.

그림

⑤ 자산 인수

자본 참가Equity Participation

다른 회사의 '경영 지배권'을 취하는 경우는 통상 인수라 불리지만, 그 회사의 주식 전체 또는 과반수가 아니라 소수만 취득하여 임원 파견과 사업 제휴를 하는 경우는 통상 자본 참가라 부른다. 르노가 닛산자동차의 36%를 취득하고, 다임러크라이슬러가 미쓰비시자동차공업의

34%를 취득하는 등의 사례가 있다. 신주를 발행하는 경우(할당 증자)와, 기존의 주주로부터 양도받는(주식 양도) 두 가지 방법이 있다.

기업 조직 재편 · 재구축 Reorganization, Restructuring

명확한 정의는 아니지만 회사의 가치를 보다 현재화시키고 의사결정의 체제를 변경하고, 사업체의 독립성을 높이는 등 다양한 목적에서 행해지는 다음과 같은 행위의 총칭이다. 최근 다양한 법 개정이 시행되기도 하여, 기업 재편을 기동적으로 할 수 있게 되었다. 예컨대 이하와 같은 형태를 들 수 있다.

⑥ 지주회사에 의한 기업 통합 : 합병과 아주 비슷하지만 새로운 하나의 회사가 되는 것이 아니라 기존의 회사가 하나의 지주회사 산하에 자회사로서 존속을 계속하는 형태. 각각의 주주는 기존의 주식을 새로운 지주회사 주식과 교환한다. 일본흥업은행, 제일권업은행, 후지은행이 경영 통합하여 미즈호 홀딩스를 설립한 사례가 대표적.

그림

⑥ 지주회사에 의한 기업 통합

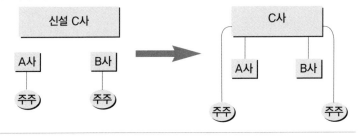

⑦ 분사 : 회사의 사업부문을 독립시켜 별개 회사로 만드는 것. 그
자회사를 주식 공개하여 자금을 조달하거나, 다른 회사와의 합
병회사로 만들 목적으로 실시된다. 닛코증권이 그 법인인수 업
무 부문을 분사하여 닛코 솔로몬 스미스바니라는 형태의 외국
기업과 합병 형태로 만든 거래가 그 일례이다.

그림

⑦ 분사

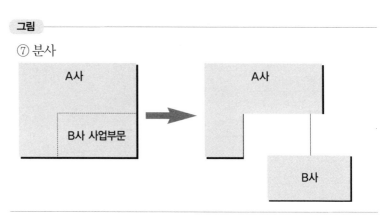

⑧ 회사 분할 : 간단히 말하면 기존의 하나의 회사를 둘 이상의 별
개 회사로 분할하는 것인데, 그 형태는 다양하다. 상기의 분사도
회사 분할의 하나로, 분사된 자회사 주식을 원래 주주에게 배당
과 같은 형태로 분배하면 주주는 원래 회사의 주식과 분사된 회
사 양쪽 주식을 갖게 된다. 미국에서는 이러한 조직 재편을 스핀
오프Spin-off라 부른다.

그림

⑧ 회사 분할(스핀오프)

LBO Leveraged Buy-Out, 레버리지드 바이아웃

기업 인수의 한 형태라기보다 기업 인수 시의 자금 조달 방법의 특징에서 붙여진 호칭이다. 투자그룹이 투자 펀드(프라이빗 에쿼티 펀드, LBO펀드)의 자금을 사용하여 기존 기업을 인수할 때에 통상 사용하는 방법. 인수 대상 회사의 자산이나 미래 현금흐름을 담보로 인수 자금 조달에 외부 차입금을 되도록 많이 사용함으로써 적은 펀드 자금으로 높은 투자수익률을 추구할 수 있다(레버리지 효과에 대해서는 본문 참조). 한편, 인수 후 사업 현금흐름이 예상을 밑돌면 거액의 외부 차입금에 대한 이자 지불과 원금 변제가 어려워지기 쉽고, 도산할 리스크가 커진다. 전형적인 하이 리스크 하이 리턴 추구의 투자이다. LBO 대상으로 적합한 회사란, 따라서 인수 후의 수지 예상을 세우기 쉽고 안정된 현금흐름이 있는 회사이므로 이 점에서 같은 하이 리스크 하이 리턴 추구의 벤처기업 투자를 행하는 벤처캐피털과 성격이 다르다. 어떤 회사 A사를 LBO

펀드 Y가 자기자금 10억엔, 외부 차입금 90억엔, 총액 100억엔으로 매

수하는 사례를 3단계로 도해하면 다음과 같다.

그림

① 인수용 회사(H)를 설립하여 인수용 자금을 조달한다

②H가 B사 주식을 매수한다

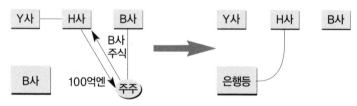

③ H를 B사에 흡수 합병시킨다

손익계산서, 현금흐름 관련 **재무제표용어** 대조표

지표	영어 · 약칭
[손익계산서항목]	
매출액, 영업이익	Sales, Revenue
−매출원가	Cost of Sales, COGS(Cost of Goods Sold)
매출총이익	Gross Margin, Gross Profit
−일반판매관리비	SG&A(Sales, General and Administrative Expenses)
영업이익	EBIT(Earnings Before Interset and Taxes), Operating Profit
±금융수지	
±영업외수지	
경상이익	대응 표현 없음 (Ordinary Income으로 보통 영역한다)
±특별손익	Extraordinary Items
세전이익	EBT(Earnings Before Taxes), Income Before Taxes
−법인세등	
세후이익, 당기이익	Income After Taxes, Net Income
세후영업이익	NOPAT(Net Operating Income After Taxes)
[현금흐름항목]	
금리전 · 세전 · 상각전이익, 상각전영업이익	EBITDA(Earnings Before Interset and Taxes, Depreciation and Amortization)
영업현금흐름	Cash from Operations
투자현금흐름	Cash from Investing Activities
재무현금흐름	Cash from Financing Activities
잉여현금흐름	Free Cash Flow

유주현

서울대학교 미학과를 졸업하고 같은 대학 국제대학원에서 일본지역연구를 전공했다. 옮긴 책으로『일본의 문화정책』『문화정책과 예술 경영』『불황에도 승리하는 사와카미 투자법』『덴소 인사이드』『환율과 연애하기』『식탁 밑의 경제학』『10년 보유할 주식을 찾아라』『현명한 초보 투자자』『아트 컴퍼니』『가치투자 홀로 서기』등이 있다.

밸류에이션
현명한 투자자를 위한 기업 가치 평가

1판 1쇄   2010년 8월 16일
1판 9쇄   2023년 3월 21일

지은이   모리오 아키라
옮긴이   유주현
펴낸이   김승욱
편 집   김민영 김승관
디자인   이현정 윤종윤
마케팅   정민호 이숙재 박치우 한민아 이민경 박진희 정경주 정유선 김수인
펴낸곳   이콘출판(주)
출판등록   2003년 3월 12일 제406-2003-059호

주소   10881 경기도 파주시 회동길 455-3
전자우편   book@econbook.com
전화번호   031-8071-8677(편집부) ㅣ 팩스 031-8071-8672

ISBN 978-89-90831-85-9 13320